希望与毁灭

第三帝国空军的最后一年

孙晓翔 著

中国长安出版社

图书在版编目（CIP）数据

希望与毁灭：第三帝国空军的最后一年 / 孙晓翔著
. -- 北京：中国长安出版社，2015.4
ISBN 978-7-5107-0911-1

Ⅰ.①希… Ⅱ.①孙… Ⅲ.①空军 - 军事史 - 研究 -
德国 - 1944 ~ 1945 Ⅳ.① E516.54

中国版本图书馆 CIP 数据核字 (2015) 第 089690 号

希望与毁灭：第三帝国空军的最后一年

孙晓翔 著

出版：中国长安出版社

社址：北京市东城区北池子大街 14 号（100006）

网址：http://www.ccapress.com

邮箱：capress@163.com

发行：中国长安出版社

电话：（010）85099947 85099948

印刷：重庆出版集团印务有限公司

开本：787mm×1092mm 16 开

印张：10

字数：170 千字

版本：2019 年 1 月第 2 版 2019 年 1 月第 1 次印刷

书号：ISBN 978-7-5107-0911-1

定价：79.80 元

CONTENTS 目录

本书中提及的专有名词及其缩写

RLM　帝国航空部

OKL　德国空军司令部

DFS　德国滑翔机研究院

JG　战斗机联队

ZG　驱逐机联队，亦可称为重型战斗机联队

NJG　夜间战斗机联队

KG　轰炸机联队

EJG　补充战斗机联队

EKG　补充轰炸机联队

SKG　快速轰炸机联队

SG　战斗轰炸机联队

STG　斯图卡俯冲轰炸机联队

TG　运输机联队

LG　训练联队

　　所谓联队，亦可称为航空团，是德国空军中单一机种的最高单位。在书面语中，联队以字母加数字的形式表示。其中字母表示联队的种类，数字代表番号。例如，NJG1表示第1夜间战斗机联队；ZG26表示第26驱逐机联队。每个联队通常下辖3～4个大队，书写时用罗马数字表示。每个大队下辖3～4个中队，书写时用阿拉伯数字表示。通常，第1大队下辖第1、第2、第3中队；第2大队下辖第4、第5、第6中队，依次类推。例如，III/JG4表示第4战斗机联队第3大队；5/KG54表示第54轰炸机联队第5中队，即隶属于该联队第2大队麾下。

|第一章|

十字路口

1944 年 5 月，尽管已经四面楚歌，但是第三帝国仍然占据着大片土地。其势力范围从法国的大西洋海岸横跨整个欧洲，直至乌克兰；从挪威的北极圈冻土带向南延伸到罗马城南的郊外。德国陆军在过去 18 个月的战斗中伤亡惨重。但至少在纸面上，它仍然拥有 295 个野战师。此外，德国的盟友们，包括芬兰、罗马尼亚、匈牙利、保加利亚，以

1944 年 5 月 31 日德国空军可出动飞机数量统计

	帝国航空队	第1航空队	第2航空队	第3航空队	第4航空队	第5航空队	第6航空队	东南指挥部	第14航空军	总计
单引擎战斗机	444	90	81	115	138	63	66	54		1051
双引擎战斗机	71			37		16		16		140
夜间战斗机	421	21		56	9		19	13		539
轰炸机	302	8	48	137	34		312			841
反舰轰炸机				93						93
对地攻击机	25	51	15	48	302	19	106	7		573
夜间对地攻击机		100	21		70	22	48	24		285
战略侦察机		17	7	29	31	28	26			138
战术侦察机	2	30	8	24	28	8	67	20		187
运输机	9		35		76	37	44	104	250	555
特种任务飞机	74									74
总计	1348	317	215	539	688	193	688	238	250	4476

及法西斯统治下的意大利社会主义共和国，都还在支持着德国的战争。在海上，德国水面舰队损失惨重，其活动范围已被限制在近海一带。潜艇部队在过去一年的战争中同样损失巨大。尽管如此，德国海军仍在积极准备，以挫败盟军即将展开的对西欧的登陆行动。

在空中，德国空军正面临着复杂的形势。自1944年初以来，随着美军将长航程的P51野马战斗机投入使用，其以B17飞行堡垒和B24解放者为核心的重型轰炸机部队，终于可以在野马的护航下，深入到第三帝国的心脏地带。在1944年2月的空战中，负责保卫帝国本土的德国空军战斗机部队损失惨重，进而直接影响到整个帝国的空防部署。但是直至1944年5月，德国空军仍有理由对未来抱有希望。此时，这支武装部队拥有280万名男女军人。其中超过100万人服役于高射炮部队。航空兵团以7个航空队作为战略基干，仅可随时出动的飞机总数就接近4500架。此外还包括1支实力可观的伞兵部队。

由于帝国本土的防空作战因美军野马战机的介入而受到动摇，德国的军备和燃料工业遭到同盟国的猛烈空袭。然而在军备生产部长施佩尔的努力下，德国军备生产工

1944 年 5 月德国空军接收的飞机的类别
（不包括维修后返回前线的飞机）

种类	数量（架）	备注
战斗机		
Me109	1065	包括侦察型号
Fw190	841	包括侦察和对地攻击型号
Me110	158	全部是夜战型号
Me410	89	包括侦察型号
Me262	7	预生产型
Me163	1	第一架生产型
He219	17	专用夜间战斗机
轰炸机		
He177	71	
Ju88	268	包括夜间战斗机型
Ju188	47	包括侦察型
Do217	2	最后一个批次，准备结束生产
He111	100	
Ju87	129	
运输机		
Ju52	57	
Ju352	6	
Go242	20	滑翔机，用于空运任务
DFS230	1	滑翔机，用于空运任务
其它种类飞机		
Fi156	49	观察机
Ju290	2	海上侦察机
Hs129	35	战斗轰炸机
Do24	14	水上飞机，用于侦察／救援
Ar196	8	水上飞机，用于侦察／救援
总计：2987 架		

备注：Ju87、He111 和 Me110 尽管已经过时，但是因后继无人，只能继续维持生产线。He177 已经克服早期技术缺陷，刚刚进入批量生产阶段。Me163 和 Me262 即将进入批量生产阶段。Ar234、Do335 和 Ju388 仍需一些时日，才能达到大规模生产阶段。

的产量较以往大幅度提升，并且继续保持增长势头。仅就航空工业领域而言，米尔希元帅领导的帝国航空部（RLM）技术装备部门向施佩尔领导的军工生产部门转移了大量的权力。后者以无情的铁腕和高效率的组织模式充分动员起德国的工业潜力。尽管盟军的

重型轰炸机越来越频繁地出现在第三帝国领空，并且造成的破坏与日俱增，然而德国的飞机产量仍然一路扶摇直上。在施佩尔的领导下，德国的航空工业自1944年3月1日起，经历了为期6个月的改组。为抵御进一步空袭的威胁，生产资源应尽量分散配置，或者实现地下化。在行政上，各个工厂的经理们终于摆脱了各级纳粹党组织的官僚掣肘，直接从军备生产部门那里接受命令。为增加产量，他们有权调用充分的劳动力，避免受到其他党政部门的干扰。军方的资源也被动员起来，负责修理被炸毁的工厂，或者干脆将其疏散和转移。与此同时，通过削减生产线上的飞机型号，以集中力量生产主要型号，德国的飞机产量较以前更高。1944年5月交付军方的战斗机数量较1月份增长了50%，从1550架跃升至2213架。此外，燃料供应状况也在改善。航空汽油的产量在3月份达到了20万吨的规模。尽管随后稍微下降，但由于天气原因导致飞行活动减少。这使得德国空军在5月份的汽油储备达到了58万吨。这是自1941年发动巴巴罗萨战役以来的最高水平。

当然，在这些表面成就的背后，仍然潜藏着无法掩饰的危机。尽管高射炮部队已经扩充至112.5万人的规模，但是成效并不显著。德国的城市正在饱受盟军的轰炸。它清楚地表明了空军无力履行其保卫帝国的职责。戈林的威望因此深受打击。高射炮部队在战争初期曾经是德国空军中的精英部队。但是数年来其中的高素质人员不断流失。而英美空军的空袭规模日益扩大，又迫使德国的高炮部队相应地予以扩充。到1944年5月，这支百万大军的人员构成极为复杂，包括纳粹党领导的劳工阵线、本土国民卫队、由高中学生组成的空军辅助部队，原先从事文职工作的参谋机关女兵，还有外籍军人和苏军战俘中的志愿者。他们操纵着17500门重型高射炮和40000门轻型高射炮，10000具探照灯和4000个阻拦气球。此外，陆军和海军也有自己的高射炮部队，以保卫自己的基地和设施。他们的总兵力约为空军高炮部队的四分之一。

航空兵部队的前景也不乐观。由于在数量上居于劣势，当前德国空军的兵力分配仍处于捉襟见肘的境地。到1944年5月，德国空军的战略基干力量包括7个航空队、1个指挥部和1个独立的航空军。它们各自由各种型号的飞机及其支援分队组成，负责某个地理区域的作战行动。由于兵力短缺，向任何地区派遣增援力量都必须以削弱其他战略方向的力量为条件。

根据1944年5月31日提交的统计，其兵力分配和部署情况如下表：

帝国航空队
昼间战斗机部队

单位		机型	总数	可出动数
JG1	指挥部	Fw190	2	2
	第1大队	Fw190	44	15
	第2大队	Fw190	42	20
	第3大队	Me109	48	21

单位		机型	总数	可出动数
	指挥部	Me109	4	2
	第1大队	Me109	26	9
JG3	第2大队	Me109	29	23
	第3大队	Me109	31	9
	第4大队（正在组建中的突击大队）	Fw190	54	1
JG5	第1大队	Me109	43	36
	第2大队	Me109	44	36
	指挥部	Me109	4	3
	第1大队	Fw190	28	20
JG11	第2大队	Me109	31	14
	第3大队	Fw190	28	11
	第10中队	Me109/Fw190	10	7
	指挥部	Me109	4	4
	第1大队	Me109	41	31
JG27	第2大队	Me109	24	12
	第3大队	Me109	26	20
	第4大队	Me109	18	12
JG53	第2大队	Me109	31	14
JG54	第3大队	Fw190	23	8
ZG1	第2大队	Me110	33	15
	第1大队	Me410	20	6
ZG26	第2大队	Me410	52	24
	第3大队	Me262	6	1
ZG76	第1大队	Me410	47	25
	第2大队	Me410	36	0
JG104		Me109	4	4
JG106		Me109	5	3
JG108		Me109	12	6
备注：以上3个部队的规模特别小。它们是以飞行学校为基础组建的战斗单位，飞行员都是教官。				
JG301	第1大队	Me109	23	21
JG302	第1大队	Me109	27	11
JG400	第1大队（组建中）	Me163	10	0

全天候战斗机部队

	单位	机型	总数	可出动数
	指挥部	Fw190	2	1
JG300	第1大队	Me109	29	19
	第2大队	Fw190	32	24
	第3大队	Me109	27	25

夜间战斗机部队

单位		机型	总数	可出动数
NJG1	指挥部	He219/Me110	2	1
	第1大队	He219/Me410	33	26
	第2大队	He219/Me110	21	16
	第3大队	Me110	17	17
	第4大队	Me110	23	14
NJG2	指挥部	Ju88	4	1
	第1大队	Ju88	31	21
	第2大队	Ju88	33	16
	第3大队	Ju88	28	18
NJG3	指挥部	Ju88/Me110	3	3
	第1大队	Me110	26	23
	第2大队	Ju88	37	13
	第3大队	Me110	29	20
	第4大队	Ju88/Me110	32	21
NJG5	第2大队	Me110	19	13
	第4大队	Me110	18	12
NJG6	指挥部	Me110	2	1
	第1大队	Me110	24	21
	第2大队	Me110	10	8
	第3大队	Me110	18	13
	第4大队	Me110	23	18
NJG7	第1大队	Ju88	21	9
NJG101	第1大队	Me110/Ju88	39	39
	第2大队	Do217	38	28
NJG102	第1大队	Me110	39	14
	第2大队	Me110	39	16
	独立中队	Me109/Fw190/He219/Ta154/Ju88/Me110	25	16

轰炸机部队

单位		机型	总数	可出动数
LG1（第1训练联队）	第4大队	Ju88	30	18
KG1	指挥部	He177	2	1
	第1大队	He177	30	11
	第2大队	He177	29	0
	第3大队	He177	30	12
	第4大队	He177	34	12
		Ju88	12	9

	第1大队	He177	0	0
KG3	第2大队	He177	0	0
	第3大队	He111	35	21
	第4大队	Ju88	23	14
KG26	第4大队	Ju88	34	15
KG27	第2大队	He111	15	12
	第4大队	He111	39	33
KG30	第4大队	Ju88	22	12
KG51	第1大队	Me410	0	0
	第4大队	Me410	12	5
KG53	第4大队	He111	39	21
KG54	第4大队	Ju88	13	9
KG55	第4大队	He111	34	17
KG66	第1大队	Ju188	31	12
KG76	第3大队	Ar234	0	0
	第4大队	Ju88	28	10
KG77	第2大队	Ju88	31	21
	第4大队	Ju88	38	24
KG100	第2大队	He177	30	0
	第4大队	He177/Do217	38	13

战斗轰炸机部队

单位		机型	总数	可出动数
SG3	第3大队（组建中）	Fw190	28	25

战略侦察部队

单位	机型	总数	可出动数
第1222中队	Ju188	11	0

战术侦察部队

单位	机型	总数	可出动数
第8中队	Me109	2	2
第14中队（重组中）	Me109	2	0

运输机部队

单位		机型	总数	可出动数
TG2	第2大队	Ju52	12	9

空军司令部直属试验中队

机型	总数	可出动数
Ju88	7	3
Ar240	1	1
Ju86	3	0
Me109	3	1
Fw58	1	1
西贝尔 Fh104	1	0
蚊式战斗轰炸机	1	0
P38 闪电	1	1
P47 雷电	1	1
喷火式	2	0
P51 野马	3	0
台风	1	1

KG200 联队

	机型	总数	可出动数
第1大队	Ju290	2	0
	Ju252	2	1
	Ju352	1	0
	Ar232	1	1
	Bloch160/162	2	0
	Ju188	4	2
	He111	15	10
	He59	2	2
	He115	2	2
	Fw189	1	1
	Ar96	2	2
	Si204	1	1
	Fw58	1	1
	波音 B17	6	0
	道格拉斯 DC3	1	0
	Amiot 143	3	1
	Loire 246	3	1
	各类滑翔机	20	15
第2大队	Ar96	7	7
	Hs126	1	1
	Fw44	2	2
	Bu181	4	1
	Me108	3	3
	Kl 35	2	2
	Ju W34	1	1
	Si 204	2	2
	Bu 131	3	3

帝国航空队是德国空军中最强大的战略集团，负责帝国本土以及临近的奥地利、捷克地区的空中防御作战。到 5 月底，帝国航空队只有 515 架单引擎和双引擎战斗机，负责白天作战。与美国轰炸机群的规模相比，这根本不算什么。更重要的是，所使用的 Me109G、Fw190 和 Me410 战斗机与美国的野马式和雷电式战斗机相比，并无技术优势。所以防御方承受着巨大的伤亡。夜间战斗机部队规模较小，只有 421 架可出动的飞机。此外，可以得到 JG300 的支持。后者的 69 架 Me109G 和 Fw190 虽然属于昼间单引擎战斗机，但也可被用于夜间作战。

纸面上，帝国航空队还拥有 21 个轰炸机大队，总计 302 架飞机。但其中 5 个大队正忙于换装 He177 型轰炸机，另一个因伤亡惨重正在进行重组。I/KG66 是一支特殊部队。其飞行员几乎都是原先的航校教官，技术娴熟，经验丰富。所以该部队被作为夜间轰炸行动的先导，负责在抵达目标的沿途投掷照明弹，以为后续主力指明道路。这就是所谓的"铺路者"部队。I/KG66 在 1944 年春天空袭英国的战役中损失惨重，目前正在重组，并装备新式的 Ju188 轰炸机。III/KG3 正在试验以其 He111 轰炸机携带空射型 V1 导弹。其余的 13 个大队都是各个轰炸机联队的第 4 大队，仅用于训练，以便为各部队提供补充兵员。此外还有 1 个 III/SG3，目前正在改装 Fw190。一旦改装完成将立即返回东线战场。帝国航空队并不真正拥有可供作战的轰炸机单位。从该航空队的作战性质看，它也不需要轰炸机部队。

需要提及的是，在德国本土，还有 2 个直接隶属于空军司令部的特殊单位。他们使用缴获的敌方飞机。其中一个是试验飞行单位，另一个则是大名鼎鼎的 KG200，主要执行向敌方领土实施派遣间谍和渗透的任务。该部队拥有少量 B17 型轰炸机，至少 1 架 DC3 型运输机，还有一些法国制造的 Olivier 246 型水上飞机。之所以使用这些缴获飞机，是因为它们拥有出色的远程飞行能力，并且可以搭载更多的货物，而且可以误导敌人。所有缴获的飞机都归这 2 个单位使用。与某些传闻不同，所有被缴获飞机都使用德国空军的涂装，而没有使用迷惑性的敌方涂装。

第 3 航空队：西线战场

昼间战斗机部队

单位		机型	总数	可出动数
JG2	指挥部	Fw190	3	0
	第 1 大队	Fw190	19	14
	第 2 大队	Me109	13	11
	第 3 大队	Fw190	29	19
JG26	指挥部	Fw190	2	2
	第 1 大队	Fw190	33	23
	第 2 大队	Fw190	32	25
	第 3 大队	Me109	37	21
ZG1	第 1 大队	Ju88	30	25
	第 3 大队	Ju88	22	12

夜间战斗机部队

单位		机型	总数	可出动数
NJG4	指挥部	Me110	2	0
	第 1 大队	Ju88	16	7
	第 2 大队	Me110/Do217	20	12
	第 3 大队	Me110	18	9
NJG5	指挥部	Me110	15	9
	第 3 大队	Me110	18	8
NJG6	第 2 大队	Me110	13	11

轰炸机部队

单位		机型	总数	可出动数
KG2	第 1 大队	Ju188	12	9
	第 2 大队	Ju188	5	0
	第 3 大队	Do217	7	1
	第 4 大队	Ju188/Do217	31	15

	第1大队	Ju188	22	15
KG6	第2大队	Ju88	3	2
	第3大队	Ju188	25	5
	第4大队	Ju88	33	18
KG26	第2大队	Ju88	37	27
	第3大队	Ju88	35	14
KG30	第1大队	Ju88	2	1
	第2大队	Ju88	0	0
KG51	第2大队	Me410	24	17
KG54	第1大队	Ju88	11	5
	第3大队	Ju88	14	8

反舰攻击部队

	单位	机型	总数	可出动数
KG40	第1大队	He177	30	21
	第2大队	He177	30	26
	第3大队	Fw200	29	1
	第4大队	He177	17	7
KG77	第1大队	Ju88	28	17
	第2大队	Ju88	25	8
KG100	第3大队	Do217	30	13

战斗轰炸机部队

单位		机型	总数	可出动数
SG4	第3大队	Fw190	34	29
SKG10（第10快速轰炸联队）	第1大队	Fw190	33	19

侦察部队

单位	机型	总数	可出动数
第5侦察大队（海上侦察）	Ju290	11	4
第33大队（战略侦察）	Ju88/Ju188	7	3
第121大队（战略侦察）	Me410	9	3
第122大队（战略侦察）	Ju88/Ju188	8	2
第123大队（战略侦察）	Ju88/Me109/Fw190/He111/Ju188/Do217	36	17
第13大队（战术侦察）	Me109	42	24

第 3 航空队是德国空军部署在西线战场的战略集团。为抵御盟军即将发起的登陆法国的战役，德军严重依赖受过特殊反舰攻击训练的 3 个轰炸机联队。这 3 个联队组成了第 10 航空军。到 5 月底，该部拥有 93 架可动用飞机。部署在法国的中部和南部地区。其中三分之二的飞机是 Fw200、He177 和 Do217。全部携带 Hs293 和弗里茨 X 型制导炸弹。这些无线电控制的制导武器已经在大西洋和地中海战场上接受过实战检验。其余三分之一主要是 Ju88 型鱼雷轰炸机。除了第 10 航空军以外，第三航空队其余轰炸机联队划归第 9 航空军指挥，由 137 架 Ju88、Ju188 和 Do217 型轰炸机组成，驻扎在法国的东部、德国西部、比利时和荷兰。

考虑到任务的艰巨性，当前第 3 航空队的轰炸机数量严重不足。但与战斗机部队相比，情况已属不错。第 3 航空队最大的短板在于只有 6 个大队的单引擎战斗机。全部可动用数量只有 115 架 Me109 和 Fw190。此外，该航空队还有 2 个大队的 Ju88 远程战斗机，用于保护德军潜艇穿越比斯开湾。但这些飞机在遇到敌方单引擎战斗机时，生存能力低下。

德国空军还制定了复杂的计划，一旦盟军的登陆开始，帝国航空队就会将大批战斗机移交给第 3 航空队。为此已经在预定的机场储备了汽油和弹药，以便增援部队可以尽快投入战斗。当然，此举会大大削弱帝国航空队的实力。但是德国空军正确地预计到，在登陆战役打响时，同盟国的重型轰炸机也将转用于对陆军部队的支援，而不是继续空袭德国本土。

考虑到一旦盟军登陆战役打响，第 3 航空队必须为西线德军提供近距离空中支援，那么当前的对地攻击力量同样是极为薄弱的。由于东线战场的需求，第 3 航空队只有 2 个战斗轰炸机大队，总共 67 架 Fw190F 型战斗轰炸机。再加上侦察机、夜间战斗机和其他型号飞机，第 3 航空队只有勉强超过 500 架飞机可供作战。而且在过去的 6 个月中，部队连续作战，疲惫不堪。

总而言之，在同盟国强大的空中力量面前，第 3 航空队处于绝对的劣势，即便得到帝国航空队的支援，也很难在即将到来的登陆战役中有效抵抗敌人的空中优势。

在东线，春季的泥泞使得地面行动困难重重。因此，在 5 月的大部分日子里，整个战线都显得较为平静。但是红军并未闲着，而是积极在积蓄力量，准备在天气好转后发动猛攻。在整个东线战场，德国空军投入了第 1、第 4、第 5 和第 6 四个航空队，飞机总数大约 1500 架。它们的活动范围从北极圈一直延伸到黑海。其中，以挪威和芬兰为基地的第 5 航空队，负责战线的北端；第 1 航空队负责波罗的海地区；第 6 航空队负责白俄罗斯；第 4 航空队负责南部的乌克兰战线。由于不断将战斗机部队撤回本土以保卫帝国，到 5 月底，总共只有 13 个单引擎战斗机大队掩护着整个东线战场。

第 5 航空队总共只有 193 架可动用的飞机。实力如此羸弱，根本不应被视为一个航空队。它的昼间战斗机部队仅限于 2 个 Me109 大队和 1 个 Me110 中队。1 个由 Fw190 和 Ju87 混编的大队负责对地攻击任务。最后还有 1 个 Ju87 大队执行夜间袭扰任务。3 个轰炸机中队执行远程侦察任务，由 Ju88 和 Ju188 混编而成。1 个 Fw189 中队执行近距离侦察任务。1 个 Ju52 大队和 1 个加装了浮筒的 Ju52 中队执行运输任务。

第 5 航空队

单位		机型	总数	可出动数
战斗机部队				
JG5	第 3 大队	Me109	33	33
	第 4 大队	Me109	33	30
	第 13 中队	Me110	16	16
对地攻击部队				
SG5	第 1 大队	Ju87/Fw190	22	19
夜间袭扰部队				
第 8 大队		Ju87	24	22
侦察部队				
第 20 大队（负责战略侦察，当前重组过程中）		Ju88	12	12
第 120 大队（负责战略侦察，当前重组过程中）		Ju188	6	5
第 124 大队（负责战略侦察，当前重组过程中）		Ju88/Ju188	12	11
第 32 大队（负责战术侦察，当前重组过程中）		Fw189	12	8
运输机单位				
第 20 大队		Ju52	32	28
第 2 海上运输中队		Ju52	10	9

第 1 航空队

单位		机型	总数	可出动数
昼间战斗机部队				
JG54	指挥部	Fw190	4	4
	第 1 大队	Fw190	42	36
	第 2 大队	Fw190	54	50
夜间战斗机部队				
NJG100	第 2 大队	Ju88/Do217	29	21
轰炸机部队				
KG55	第 14 中队	He111	11	8
战斗轰炸机部队				
SG3	指挥部	He111	1	1
	第 1 大队	Ju87	27	24
	第 2 大队	Ju87	30	26
夜间袭扰部队				
第 1 大队		Go145/He46	32	25
第 3 大队		Go145/Ar66	36	34
第 12 大队		Ar66	16	14
U 部队		He50/Fokker CV	22	19
独立中队		Go145/Ar66	9	8
侦察部队				
第 22 大队（战略侦察）		Ju188	6	2
第 122 大队（战略侦察）		Ju188	7	7
第 4 中队（夜间侦察）		Do217	12	8
第 8 大队（战术侦察）		Me109	30	24
第 31 大队（战术侦察）		Fw89	12	6

第1航空队有317架可动用飞机。包括2个单引擎昼间战斗机大队，2个夜间战斗机中队，1个He111轰炸机中队和2个Ju87大队。需要指出的是，其夜间袭扰部队的所占比重较大。这是东线战场的普遍现象。最初，这种作战行动由苏联空军开发，后来被德国空军效仿。夜间袭扰单位在装备上不受重视，有什么就用什么，不会为其专门研制装备。所以这些部队只能使用各类杂牌老旧飞机，携带着机枪和小型炸弹，袭击敌人的后方区域。这些行动消耗的燃料和弹药都很少，也很少遭遇伤亡，却能对敌人构成持续的压力，但是终究不能产生任何战略影响。这些飞机最多能被视为某种心理战武器。

第6航空队

单位		机型	总数	可出动数
昼间战斗机部队				
JG51	第1大队	Me109	44	34
	第3大队	Me109	40	32
夜间战斗机单位				
NJG100	第1大队	Ju88/Do217	30	19
轰炸机部队				
KG4	第2大队	He111	35	28
	第3大队	He111	37	26
	第4大队	He111	37	22
KG3	第14中队	Ju88	12	8
KG27	第1大队	He111	37	37
	第3大队	He111	37	33
KG53	第1大队	He111	37	27
	第2大队	He111	34	28
	第3大队	He111	37	24
KG55	第1大队	He111	35	27
	第2大队	He111	32	23
	第3大队	He111	34	29
战斗轰炸机部队				
SG1	第1大队	Ju87	39	35
	第2大队	Fw190/Ju87	42	26
	第3大队	Fw190	42	33
	第10反坦克中队	Ju87	12	12
夜间袭扰部队				
第2大队		Ju87/Ar66	65	48
侦察部队				
第11中队（负责战略侦察，当前重组过程中）		Ju88/Ju188	11	7
第14中队（负责战略侦察，当前重组过程中）		Ju88/Ju188	8	6
第100中队（负责战略侦察，当前重组过程中）		Ju88	12	8
第2夜间侦察中队		Ju188/Do217	12	8

第 4 大队（战术侦察）		Me109/Fw189/Hs126	38	24
第 10 大队（战术侦察）		Me109/Fw189/Hs126	27	20
第 15 大队（战术侦察）		Fw189	19	16
第 31 大队（战术侦察，重组过程中）		Fw189/Hs126	14	7
运输机单位				
TG3	第 1 大队	Ju52	48	44

　　负责白俄罗斯战区的第 6 航空队是东线最大的空中战略兵团。即便如此，它也只有 2 个昼间战斗机大队，加 2 个夜间战斗机中队。但攻击力量还算可观，包括 11 个 He111 轰炸机大队，3 个由 Fw190 和 Ju87 混编的战斗轰炸机大队，1 个由 Ju87 组成的夜间袭扰大队。另外还有 4 个远程侦察机中队，4 个大队规模的近程侦察机部队和 1 个运输机大队。

第 4 航空队

单位		机型	总数	可出动数
昼间战斗机部队				
JG51	第 4 大队	Me109	35	22
JG52	指挥部	Me109	1	1
	第 1 大队	Me109	31	10
	第 2 大队	Me109	23	18
	第 3 大队	Me109	26	23
JG53	第 1 大队	Me109	33	30
JG77	第 3 大队	Me109	31	24
JG301	第 2 大队（建制不完整）	Me109	11	10
夜间战斗机部队				
NJG100（重组过程中）		Me110	15	9
轰炸机部队				
KG4	第 1 大队	He111	34	27
KG27	第 14 中队	He111	12	7
战斗轰炸机部队				
SG2	指挥部	Ju87	1	1
	第 1 大队	Ju87	31	18
	第 2 大队（组建中）	Fw190	42	22
	第 3 大队	Ju87	39	27
	第 10 反坦克中队	Ju87	12	12
SG3	第 10 反坦克中队	Ju87	12	12
SG10	指挥部	Fw190	5	2
	第 1 大队	Fw190	26	9
	第 2 大队	Fw190	25	15
	第 3 大队	Fw190	34	24

SG77	第 1 大队	Fw190	28	26
	第 2 大队	Fw190	27	15
	第 3 大队	Ju87	33	29
	第 10 中队	Ju87	12	12
夜间袭扰部队				
第 4 大队		Go145	30	28
第 5 大队		Go145/Ar66	58	42
战略侦察部队				
第 4 大队	第 2 中队	Ju88	10	7
第 22 大队	第 2 中队	Ju88	10	8
第 100 大队	第 2 中队	Ju188	11	8
第 1 夜间侦察中队		Do217/He111	12	8
战术侦察部队				
第 1 大队		Fw189	12	7
第 2 大队		Me109	23	15
第 32 大队		Fw189	11	6
运输机单位				
TG2	第 3 大队	Ju52	45	43
TG3	第 4 大队	SM82（由意大利军人操纵）	41	33

乌克兰战区是纬度最低的战区，因而也是地面最早开始干燥的地区，也就是最早爆发大战的地区。部署于此的第 4 航空队拥有最强大的战斗机和战斗轰炸机单位，包括 7 个单引擎战斗机大队，10 个战斗轰炸机大队，2 个夜间袭扰大队。

第 2 航空队：负责地中海战区

单位		机型	总数	可出动数
昼间战斗机				
JG4	第 1 大队	Me109	13	10
JG53	第 3 大队	Me109	23	17
JG77	指挥部	Me109	4	3
	第 1 大队	Me109	21	10
	第 2 大队	Me109	54	41
轰炸机单位				
LG1	第 1 大队	Ju88	19	16
	第 2 大队	Ju88	20	16
KG76	第 2 大队	Ju88	36	16
战斗轰炸机单位				
SG4	指挥部	Fw190	3	2
	第 1 大队	Fw190	14	4
	第 2 大队	Fw190	27	9

	夜间袭扰单位			
第 9 大队		Ju87/Cr42	33	21
侦察单位				
第 122 大队（战略侦察）		Me410/Ju88	8	4
第 123 大队（战略侦察）		Ju88	5	3
第 11 大队（战术侦察）		Me109	15	8
运输机单位				
TG1	第 2 大队	SM82	46	35

驻扎在意大利的第 2 航空队，负责地中海战场。包括 4 个战斗机大队、3 个轰炸机大队、2 个战斗轰炸机大队、1 个夜间袭扰大队、1 个运输机大队、2 个远程侦察中队和 1 个近程侦察中队。

在巴尔干半岛，德国空军还有 1 个独立的空中指挥部，指挥着 2 个战斗机大队、1 个夜间袭扰大队、1 个 Ju88 远程战斗机中队和 3 个近距离侦察机中队。这支部队的任务包括向所占领的希腊岛屿进行补给。为此为其装备了巨型的 Me323 运输机和 2 个加装浮筒的 Ju52 运输机大队。

此外还有第 14 航空军，全运输机单位。下辖 9 个运输机大队，共计 250 架飞机可用。包括 4 个 Ju52 大队、1 个 He111 大队、1 个 Me323 大队、1 个 SM82 大队，1 个以 SM82 和缴获的法国的 Olivier Leo 451 混编的大队。这是一个直属空军总司令部的战略运输单位。

德国空军巴尔干指挥部

单位		机型	总数	可出动数
昼间战斗机单位				
JG52	第 2 大队	Me109	55	46
JG301	第 2 大队	Me109	9	8
ZG26	第 11 中队	Ju88	16	16
夜间战斗机单位				
NJG100	第 2 中队	Ju88	15	13
战斗轰炸机单位				
SG151	第 13 中队	Ju87	7	7
夜间袭扰单位				
第 7 大队		CR42/Ca314/Ju87/He46	28	24
战术侦察单位				
第 12 大队		Me109	15	5
第 2 大队		Me110	12	10
克罗地亚中队		Hs126/Do17/Do215	8	5
运输机单位				
TG1	第 4 大队	Ju52	45	41
TG4	第 2 大队	Ju52	39	36
TG5	第 2 大队	Me323	21	9
第 1 海上运输中队		Ju52	12	11
第 3 海上运输中队		Ju52	8	7

战略运输单位：第 14 航空军

单位		机型	总数	可出动数
TG1	第 1 大队	Ju52	45	39
	第 3 大队	SM82	16	5
TG3	第 2 大队	Ju52	43	38
TG4	第 1 大队	Ju52	47	47
	第 3 大队	LeO 451	31	13
TG5	第 2 大队	Me323	21	13
独立第 10 大队		SM81	28	25
独立第 30 大队		He111	33	32
独立第 110 大队		SM82	35	0
布隆科夫运输大队		Ju52	41	38

纵观各战区各个战略兵团的实力，不难发现，德国空军在各条战线上都处于守势。而且，鉴于德国航空工业不可能与英美苏三国的飞机产量相比肩，所以德国空军格外依赖其技术优势。然而目前一线部队使用的许多型号的飞机已经过时。曾经在闪电战中立下汗马功劳的轰炸机部队，正在变得日益陈旧。作为主力的 He111 和 Ju88 也都已在技术上过时。前者目前仍装备了 13 个轰炸机大队，而后者装备了 14 个大队。战斗机部队方面，随着美军 P51 野马和英军的喷火 IX 型战斗机投入使用，单引擎的 Me109G 已经被最新式的敌方战斗机超越。Fw190 也已失去其刚服役时的那种对敌人的震撼效果。

除了技术差距以外，人力资源的损失也是一大难题。以往，德国空军拥有一个由精英飞行员组成的领导核心。这些精英飞行员一旦在战斗中损失，将无可替代，并导致其所在部队战斗效能显著降低。而这正是 1944 年前几个月发生的事情。在这个残酷的春天，德国空军与美国空军进行了连场大战。每周总有两三次，只要天气条件允许，美军驻扎英国的第 8 航空军和以意大利为基地的第 15

航空军总会空袭第三帝国。数以百计的轰炸机在同样数以百计的护航战斗机的掩护下，深入德国领空。这样的行动不可能不受到挑战。德国空军为抗击同盟国的空袭，几乎动用了所有可动用的资源。然而形势依然严峻。其所仰赖的 Me109G、Fw190 和 Me410 战斗机，无论是数量还是质量，都不占优势，难以与数量众多的美军 P47 雷电和 P51 野马相抗衡。

德国空军战斗机部队为此付出了高昂代价。到 4 月底，战斗机总监加兰德将军不得不宣称："在 1 月到 4 月的战斗中，我军昼间战斗机部队损失了超过 1000 名飞行员。包括我们最好的中队长、大队长和联队长……照此发展下去，部队崩溃指日可待。"显然，如此规模的飞行员损失远远超过德国空军的补充能力。

关键不在于所能补充到的人员的数量，而是质量。到 1944 年 5 月，第三帝国统治下的地盘内，总共存在着 210 个滑翔机训练营。它们常年接纳着总数 10000 人的希特勒青年团成员。他们都是德国空军的人力资源储备。但是毕竟，不可能所有受训者最终都能成为一名合格的空军飞行员。据估算，只有占总

英国皇家空军测试报告

野马与 Fw190 对比：

最大速度：在所有高度，Fw190 的时速都比野马慢 80 公里。在 9000 米以上高度，速度差距进一步增至 110 公里。

爬升：最大爬升率方面两者不相上下。在所有高度，如果垂直爬升，则野马优势明显。

俯冲：野马胜出，可以在俯冲过程中超越 Fw190。当以急转弯摆脱敌人时，飞行员总是可以借助速度差异甩掉攻击者。这是野马对抗 Fw190 的有效战术。

滚转率：Fw190 全面胜出。

结论：在攻击时，应维持高速，以重新占据高度优势。Fw190 不可能仅凭借俯冲摆脱对手。在防御时，急转弯加高速俯冲将拉开与对手的距离。时速低于 400 公里时不要急于爬升高度。

野马与 Me109G 的对比：

最大速度：野马在所有高度都更快。高度低于 5000 米时，野马速度多出 50 公里；在 9000 米以上高度，速度多出 50 ~ 80 公里。

最大爬升率：两者非常接近。野马在 9000 米以上稍微领先，但是在 6000 米以下，性能就会恶化。

垂直爬升性能：Me109G 的垂直爬升性能出色。两者性能相近。

俯冲：野马胜出。

转弯性能：野马胜出。

滚转性能：相差不大。在防御时，野马快速转向可以甩开 Me109。后者的滚转率性能欠佳。

结论：攻击时，除了在爬升状态下以外，野马总是占据优势。防御时，急转弯是首选策略。如果必要就伴随一个俯冲。高速爬升绝非上策。如果交战高度高于 9000 米，应努力维持高度。

携带副油箱的野马的性能报告：

速度：在所有高度，速度都会下降 60 ~ 80 公里。但是在 9000 米以上高度，速度仍优于 Fw190，但是要慢于 Me109G。

爬升：爬升性能显著下降。爬升时会被 Fw190 和 Me109 超越。但是在垂直爬升时，如果是在攻击状态下，仍能超过对手，但是防御时，则被 Fw190 和 Me109 超越。

俯冲：就算油箱处于满载状态，野马也能轻松胜出 Fw190 和 Me109G。

转弯性能：副油箱对此影响不大。野马能够胜出 Me109，至少和 Fw190 持平。

滚转率：副油箱对此无影响。

结论：当携带副油箱时，野马性能大受影响。如果敌人并不全力以赴，仍可通过急转弯甩掉敌人。但如果碰到意志坚定的对手，在不损失高度的情况下将很难摆脱。但此时的野马仍是一架良好的攻击机，特别是在占据高度优势时。

数 5% 的人能够最终成为一名合格的战斗机飞行员。但是问题的关键不在于人数，而在于飞行训练的质量。在当前的战局条件下，即便是这些合格的战斗机飞行员候选人，现在也不得不面对急剧恶化的训练条件。

一位前侦察机飞行员于 1944 年春接受训练，以改飞 Me109G 型战斗机。他日后回忆说："以前我是作为侦察机飞行员受训的。所以我的飞行水准高于学员的平均水平。前线部队急需人手，所以学校的教学指导纲要是很低的。许多教官都是因伤脱离一线战斗的人员。他们当中许多人经历了 3 年的残酷战斗，并且多次受伤。这些人现在既敏感又疲惫。"教官们的素质只是诸多因素之一。自 1944 年 5 月起，OKL 已经注意到，野马战机深入帝国领空的作战行动，导致在以往相对安全的帝国东部和南部空域，德军教练机的损失数字正在快速攀升。训练活动经常被美军的空袭打断。如果学员不能及时收听到空袭警报的话，他们很可能就会成为野马战机的枪下鬼。此外，燃料短缺和前线部队的迫切需要都迫使训练飞行时间大幅度压缩。德国空军战斗机飞行员的训练课程已被压缩至正常程序的35%。以德军中标准的Me109G型战斗机为例，从教练机到战斗机的转换训练只有30个小时，仅够教会起降和一些简单操作。而在一个缺乏经验的飞行员手中，Me109G如同恶魔般的野兽，难以驾驭。低速条件下尤其如此。如果飞行员在起飞时打开节流阀的速度过快，或者当他试图在飞机还没有达到起飞速度时强行拉起飞机，飞机很可能会纵向滚转，摔回地面。飞行学校的事故率很高。开学时有近百名学员，而到毕业时有30%的人死亡或严重受伤。剩下的幸运儿会被分配到作战部队。即便是他们，就算把初级教练机的飞行时间全部加上，也只有160小时，约为同时期英美空军中新飞行员的一半。然而在面对一个训练有素的对手时，飞行员需要将其飞机的性能发挥到极限，才能取得战绩，或者至少让自己生存下去。把这些训练不足的飞行员派往前线，无异于打发他们去送死。那些分配到部队的菜鸟们经常被老鸟们称为"3天奇迹"，因为许多人根本活不过3天。他们通常在第一次出任务时就会丧命，而且也无法完成赋予他们的作战任务。

摆在德国空军面前的唯一选择，就是尽快利用新技术获得质量优势，以抗衡敌方的数量优势。这是德国空军继续生存下去的希望所在。到1944年春天，德国空军正在进行着数量众多的先进武器研发项目。但由于资源枯竭，这些项目中的绝大多数将在几个月内中止。只有那些即将进入量产的武器才会最终被保留下来，包括新式的喷气式战斗机Me262、喷气式轰炸机Ar234、火箭发动机推进的Me163、独特的双引擎活塞式战斗机Do335，以及重型轰炸机He177。

Me262

在即将进入量产阶段的飞机中，Me262是最为重要的一种飞机。该机最大时速870公里，可以在7分钟内爬升到9000米高度。这样的性能是当前活塞式战斗机远远不及的。机身前部配备有4门MK108型30毫米航炮，足以摧毁敌方重型轰炸机。优越的性能和重火力是这种喷气式战斗机的主要特征，也正是德军的希望所在。

然而至少眼下，Me262的总产量还不到50架。它们仅被用于测试和训练。Jumo004型引擎还不成熟，还不能执行作战任务。这种引擎属于第一代实用化的涡轮喷气引擎。与活塞式引擎相比，它的转速更快，工作温度更高，但这也带来一系列工程技术问题。以往人们会在耐高温合金材料中添加镍、铬、钼这类稀有金属。但是在此时的德国，此类稀有金属都是极端短缺的物资。在引擎的研制过程中尚能保证供应，然而一旦进入量产阶段，则不可避免地要面对原料短缺的问题。德国设计师必须另想办法。他们采用了金属薄片制成的气冷中空涡轮叶片，以克服了缺

▲ 德国空军对Me262寄予厚望，希望以其扭转空战中的劣势局面。

少镍金属的问题。引擎的燃烧室则以普通的低碳钢制造，只是在引擎的燃烧室内壁上喷涂了一层铝，以提高其耐热性能。但是这些权宜之计并不能使问题得到根治。早期生产的引擎，平均使用寿命不会超过10小时。到1944年5月，频繁的引擎故障，甚至起火问题都还没有解决。这导致Me262迟迟不能进入量产，更无法投入实战。然而，严酷的战局迫使德国人加速新飞机的服役进程。已经发现的技术问题只能一边改进一边装备。预生产型已经被交给测试部队，让飞行员获得经验，特别是仔细操作引擎的经验。

1944年4月底，以III/ZG26为基础，组建了262实验指挥部，负责培训Me262的种子教官，并且发展适合这种喷气式战斗机的新战术。韦格曼上尉是一名经验丰富的飞行员，原先飞Me110。据他在战后宣称，Me262容易操纵，但是引擎控制非常敏感。必须小心操作节流阀，否则引擎极易熄火，又或者因过热导致起火。此外，Jumo004型引擎还有另一个显著缺点：当飞行员驾机准备着陆时，他必须收缩节流阀。如果此时他中止着陆程序，重新打开节流阀，那么引擎响应的速度会非常慢，以至于在引擎重新增加推力以前飞机很可能已经触地。对于那些缺乏经验的飞行员，Me262不易上手。

Me163

第二种准备量产的新式战斗机是Me163。它以火箭引擎为动力，并拥有革命性的后掠翼设计，巡航速度可达800公里，可以在3分钟内爬升到9000米高度。它的翼根处安装有2门MK108型30毫米航炮，以对抗重型轰炸机。但这种飞机予人印象最深刻的，还是它的动力系统的缺点。它的燃料分

为2种：T燃料和C燃料。前者是高浓度的过氧化氢；后者是一种肼/甲烷和水的混合液体。2种燃料的比例约为3比1。当它们相遇时，会产生危险的爆炸。强劲的推进力由此而来。但也需要非常小心地操作。尤其是T燃料，具有高度腐蚀性，可以在人体皮肤表面燃烧。

Me163的油箱里装载着2吨这样的化学燃料。但在动力全开的情况下也只够飞行4分钟时间。作战时，飞行员必须首先全力爬升，然后平飞并继续加速至战斗速度，靠近目标时发射航炮，然后高速脱离。Me163也可被视为一架有动力的高速滑翔机。为增加滞空时间，飞行过程中，火箭引擎并非全程运转。这种强劲的引擎首先会提供一个初始速度，然后引擎就会被人工关闭。当飞行速度减慢时，飞行员会再次启动引擎以恢复速度。这种方法可以将Me163的滞空时间延长至7分半钟。当燃料耗尽，飞机滑翔返回机场。如此短的飞行时间使得飞机的作战半径只能限制在距离机场40公里的范围内。所以它只能是一种点防御截击机。

1944年5月14日，Me163首次与敌人遭遇。当天，V41号原型机以960公里时速冲向一架美军重型轰炸机，但是在最后关头因技术故障而放弃了攻击。同时，正式服役工作

▲ Me163

正在稳步推进。为操纵这种飞机，德国空军专门成立了 JG400 联队。到 1944 年 5 月底，该联队下属的第一个中队已经完成组建工作，拥有 16 架飞机，并着手训练工作。随后，2/JG400 也开始组建。与此同时，第一架量产型已经下线，并且很快就会积累起必要的数量。

▲ 独特的只拥有 2 具螺旋桨的四引擎轰炸机 He177

Ar234

　　Ar234 是德国空军中第一种喷气式轰炸机和侦察机。这种飞机同样使用 Jumo004 引擎，但载油量却是 Me262 的 2 倍，因而体型更大，航程更远。同样的引擎也使其遇到了与 Me262 类似的技术问题。与通常的德国轰炸机不同，Ar234 不具备真正意义上的俯冲轰炸能力，顶多只能以小角度向下俯冲投弹。这种飞机更擅长水平投弹模式，但这又涉及必要的空中投弹瞄准系统。德国空军从未研制出能与美军飞行堡垒上所使用的"诺顿"瞄准器相当的设备，因而也就限制了水平轰炸的精确度。到 1944 年春，Ar234 刚刚准备进入量产。

He177

　　与 Ar234 一样，长期拖延的 He177 轰炸机也被寄予了拯救德国轰炸机部队的重任。其独特之处在于引擎设计。2 台 DB606 型引

▲ 阿拉多公司研制的 Ar234，注意这是尚不成熟的 Ar234a 型。特点就是依靠无动力的三轮滑车进行起飞。尚未完全收起的滑橇则是降落时不可少的工具。

擎采用并联方式安装在一起，共用一个变速器，共同驱动一具螺旋桨运转，从而变成了一台 DB610 引擎。理论上，这是一种极为先进的设计。2 台 DB610 的输出功率总和要高于美军四引擎的飞行堡垒轰炸机。再配合尽量减少阻力的外形设计，He177 理应比飞行堡垒更加出色。然而现实是，He177 的原型机早在 1939 年末即展开试飞，稍早于英国的哈利法克斯和美国的解放者轰炸机。但当后两者都已经大量服役时，He177 仍然步履蹒跚，灾难不断。问题的根源就在于那个紧凑的引擎设计。飞行员在驾驶飞机时必须小心操作节流阀以防止引擎过热，否则极易引起火灾。这个毛病为 He177 赢得了"飞行打火机"的绰号，为此摔掉了好几架飞机。直至设计师对引擎缺陷做出设计修正之后，问题才得到缓解。1944 年 5 月，德国空军终于认可了 He177 可靠性，并开始大量装备一线部队。此时，只有 2 个大队拥有充分的作战能力，即驻扎法国的 I/KG40 和 II/KG40。在德国本土，He177 的月产量维持在 70 架的规模。OKL 计划优先完成 9 个大队的换装。除了已经完成的 2 个大队以外，其余 7 个大队都处于换装过程中。

Do335

　　Do335 的特点在于，它的 2 具引擎一个

◀ 2 台 DB606 成 V 字型并联,构成了 1 台 DB610。再由 2 台 DB610 驱动 1 架 He177。所以这种飞机表面上是双引擎飞机,实则是 1 架四引擎飞机。

▶ 独特的双引擎战斗机 Do335

在前,一个在后,呈纵轴布置。诸如 Me110 这类较为传统的双引擎飞机,通过将引擎置于两边的机翼上,以获得优越的动力。但是此举也导致阻力增大。针对此种缺陷,道尼尔公司开发了 Do335。它不仅可以获得 2 台引擎提供的动力,还能把迎风阻力降至最低。其优越性一目了然。纵轴布置 2 台引擎还使其具有某些独有的特征。例如,为了防止后部引擎的螺旋桨在起飞和着陆时触地,只能使用前三点式起落架;距离地面较高的尾部可以配备十字形的下垂尾,并且在其底端装上了减震器。

作为一种双引擎飞机,Do335 的身手可谓相当敏捷。它的最大时速可达 760 公里,作战半径超过 800 公里。除了肩负重型战斗机的本职工作以外,德国空军还计划将其作为战斗轰炸机和夜间战斗机使用。Do335 原计划于 1944 年春季进入量产。但是就在量产前夕,大部分生产设施毁于空袭,因此不得不重建生产线,装备计划被迫延迟。

槲寄生轰炸机

所谓"槲寄生"原本是指一种小型灌木。它通过寄生在杨树等树木的树枝上存活。所谓槲寄生飞机即指将 2 架或多架飞机组合成 1 个飞行器。在飞行过程中,所有飞机引擎都会开启,但只会优先使用 1 架飞机所携带的燃油,以保证另一架飞机可以飞行更远的距离。所以槲寄生飞机的好处即在于,可以在不制造更大型飞机的前提下,增加飞行距离。这种概念起源于 30 年代的英国。当时,为实现跨大西洋直航,英国人率先使用了此种技

▲ 德国空军的槲寄生子母飞机，由 DFS 牵头研制。下方 Ju88 的座舱已经被废弃，但仍保留其外观。很明显，这是 1 架已经接近报废的 Ju88，才被用来作为槲寄生使用。

术。随后，苏联人又将这一概念运用于军用航空。他们在四引擎的 TB-3 型轰炸机的机翼下挂载了 2 架伊 16 战斗机，再由后者携带 2 枚 250 公斤重的炸弹，由此构成了一种远程轰炸机。在临近空袭目标时，TB-3 会施放两侧机翼下的伊 16，后者依靠自身动力完成投弹任务，然后自行返航。在巴巴罗萨战役初期，苏联空军曾利用此种槲寄生轰炸机对罗马尼亚的油田进行过数次轰炸，取得了一定的战果。但随着大量基地沦陷敌手，苏联空军最终失去了空袭罗马尼亚的前沿机场。槲寄生轰炸机随后也销声匿迹。到 1942 年，随着战略形势逆转，德国空军也开始探索槲寄生飞机的实用性问题。最初的设想只是利用此种技术增强远程空运能力，即利用 1 架小型飞机和 1 架大型滑翔机组成 1 个飞行器。前者提供动力；后者负责运载。但是最终，德国空军决定利用槲寄生技术发展"超级轰炸机"。

这也是一种被寄予高度期望的武器系统。它由 1 架 Ju88 轰炸机和 1 架 Me109 战斗机组合而成。Ju88 的飞行员座舱和相关设备全部被拆除，并换上了 1 个威力巨大的炸弹。飞行员坐在 Me109 的座舱内操纵整个组合体。到达目标上空后，他将以 15 度的倾斜角度瞄准目标，然后拉响爆破索，使其战斗机与下面的轰炸机分离。轰炸机将继续飞向目标，而战斗机高速返航。到 1944 年春天，槲寄生组合试验已告完成，并开始制造首批 15 架飞机。

除了以上这些被认为最具发展潜力，且最为出名的飞机项目以外，德国空军还在做着对当前正在服役的一系列飞机的改进，包括 Me109、Me410、Fw190，以及 Hs129。其中尤其以 Fw190 的改进工作，成效最为卓著。

1944 年春天，2 种 Fw190 的发展型号正在准备进入量产。第一种是装备 Jumo213 引擎的 Fw190D 型战斗机。这种液冷引擎取代了原先的 BMW801 型星型空冷引擎。更强劲的动力使其可以对抗喷火 IX 型和美军的野马 C 型战斗机。这 2 种飞机都是英美空军当前的最新式飞机。尽管性能上能与之抗衡，但是 Fw190D 仍然只是一个过渡，德国人真正期待的是 Fw190 的终极改进版 Ta152。它拥有一个更长的机翼，以牺牲 Fw190 原先出色的滚转性能为代价，换取更好的高空性能，能够与野马 H 型和超级马林的怨仇战斗机比肩。预计 Fw190D 和 Ta152 都将于 1944 年底开始交付。

至于已经显露出疲态的 Me109，鉴于其较小的机身不可能容纳下一个比 DB605 更大的引擎，所以该机发展至 G 型时，其技术潜力已经被挖掘殆尽。但是在当前紧迫的战局之下，德国人还是想方设法使该机型继续在一线服役，为此必须针对某些性能进行优化，以适应特定的任务。例如，许多 Me109G-10 型安装了 GM1 型燃料箱。里面充填了一氧化二氮，以便提升引擎的高空输出功率。这是对抗美军重型轰炸机的前提。至于武器方面就必须做出牺牲。为了减轻重量，只装备 2 门 20 毫米机炮和 2 门 13 毫米机炮。Me109G-6 型则用 1 门 MK108 型 30 毫米航炮替换了原先的 2 门 MK151 型 20 毫米航炮。这也是出于对抗美军重型轰炸机的考虑。很快，作为 G 型的完善化终极版，Me109K 型也即将下线。这是 Me109 系列中的最后一个大量服役的型号。MK108 型 30 毫米航炮已成为标配，但是只能携带 65 发炮弹。

最后，必须指出的是，除了各式飞机以外，德国军方还在导弹领域投入巨额资源，用于研发一系列的产品。其中最为著名的 V1 巡航导弹和 V2 弹道导弹已经进入量产。在德国中部哈尔茨山中，有一处距离地表 50 米深的大型地下化工程设施。这里原先是一个地下油库，现在被改造成地下工厂，负责生产 V1 和 V2 导弹的弹体部分。它们在几周之内即可亮相。除此之外，德国空军还有大量的地对空导弹和空对空导弹发展项目，也在快马加鞭地进行当中。其中至少有 3 种已接近实用化，并准备量产。它们是：对付低空目标的"蝴蝶"地对空导弹、对抗高空目标的"瀑布"地对空导弹和由战斗机携带的 X-4 型空对空导弹。

希望在眼前，深渊也在眼前。在这个命运的十字路口，德国空军将与对手进行一场意志、科技和决断力的较量。

第二章

夏季灾难

无论新技术的前景多么诱人，它们目前仍然不能转化成战场上的优势。然而战争不会等待。在 1944 年的夏天，第三帝国武装部队经历了三场战略性失败。德军在法国、白俄罗斯和罗马尼亚连续遭到重创，损失的兵员总数达百万之巨。而对于德国空军而言，除了要协助德国陆军在东西两线顶住同盟国军队的反攻以外，还必须在帝国上空阻止盟国空军的战略轰炸。结果，在 1944 年的这个夏天，德国空军在东线、西线和帝国上空这三个战场上同时遭遇了惨败。这真是个灾难性的夏天。

诺曼底战役

1944 年 6 月 6 日，英美盟军发动了期待已久的诺曼底登陆战役。尽管德军对此早有心理准备，但是盟军还是在战术上达成了奇袭效果。登陆行动所选定的时间和地点都完全出乎德军的意料，以至于在登陆的最初时刻未作出任何反应。

对德国空军而言，诺曼底登陆可不仅仅意味着受到了奇袭，而是彻底的绝望。盟军为这次战役投入了 6000 多架飞机。相比之下，驻扎西线的第 3 航空队只有 480 架飞机。登陆战役打响当日，盟军出动了超过 3000 架次的飞机，用于掩护地面部队巩固滩头阵地。相比之下，驻扎西线的德军第 3 航空队在当天只出动了大约 100 架次。其中大部分是战斗机和侦察机。悬殊的实力对比使得盟军得以为其登陆部队支撑起一张有效的空中保护网。德国空军面临着极大的困难。

在盟军登陆的关键时刻，由于一系列原因，德国空军未能像原先计划的那样，及时从本土抽调部队增援西线战场。所以第 3 航空队暂时还只能依靠自己的力量奋战。III/SG4 是一支由 50 架 Fw190 战斗机组成的战斗轰炸机部队，驻扎在法国南部的圣康坦。6月6日早上3点，大队指挥部接到报告称："敌人的伞兵在卡昂以北着陆。登陆部队正在靠近塞纳河口。"15分钟后即下达了一级战备命令，所有可用飞机准备起飞。7点45分，该大队接到了上级传来的口头命令，准备向勒芒地区转场。但是书面命令还必须等待。根据预先制定的计划，转场飞行过程中，每一架Fw190都要在座舱后面再塞下一名随行的地勤人员。其余重要人员和军医搭乘2架Ju52运输机。直至9点35分，书面命令终于下达，转场行动立即开始。第7中队前往拉瓦勒，第8中队前往图尔，大队指挥部和第9中队前往卡斯特尔。

出于安全考虑，转场过程中必须避免与敌人遭遇。因此，所有飞机应绕道巴黎南部，保持低空飞行。尽管如此，德军战机还是被巡逻的美军野马和雷电式战机发现，损失5架飞机。由于搭乘飞机的地勤人员根本无法跳伞，所以当飞机被击中后，飞行员也拒绝自己逃生。最终有4名飞行员和4名地勤人员阵亡。其余2人受伤。

即便完成了转场工作，III/SG4仍然面临重重困难。拉瓦勒和图尔的机场都未能做好迎接战斗轰炸机部队的准备。机场缺乏加油车辆、炸弹运载车辆，以及必要的地勤人员，也没有任何防卫措施。当地机场指挥官原本以为，转场前来的部队，要到晚上才会到达，第二天才会开始投入战斗。而且机场过于狭小，对于飞机的隐蔽和疏散都极为不利。最终，只有跟随大队指挥部的9/SG4得以及时参战。从当日下午5点开始，9/SG4派出13架飞机，分3个波次，攻击奥恩河口的敌方登陆区域。其中至少有1次被盟军战斗机阻截，导致任务失败。在另外2个波次的攻击中，德国飞行员高速掠过目标上空，投下炸弹，根本无法评估战果。

第二天（6月7日）天气状况良好。重整旗鼓的III/SG4终于可以组成较大的出击编队。当日早上6点，24架Fw190分4个波次攻击了1支靠近奥恩河口的英军。盟军强大的空中巡逻兵力迫使德国人在抵达目标之前就丢下了炸弹。10点钟，10架美军的野马战机扫射了德军的前沿机场，1架Fw190被击落，另有4架停放在地面的Fw190被摧毁。当晚，在机场上空，又有1架Fw190在机场上空被击落。晚上9点，又有3架野马扫射了第8中队的机场，1架Fw190被击落，飞行员受伤。至此，这一天的战斗终于结束了。德军战果寥寥。而由于机场缺乏防御能力，德军损失巨大。

6月8日中午12点40分，17架Fw190分3个波次空袭敌人。其中1个波次因敌方中途拦截而被迫放弃。为突破敌方的阻拦，上级指挥部特意为该大队的Fw190加派了护航战斗机。它们是来自I/JG11的Me109。但是，这样的安排并不成功。这2支部队先前从未合作过。而由于盟军战机对机场的持续空袭，打乱了一切计划时刻表，所以不可能按时抵达集合空域，与护航部队会合。这一天唯一令人欣慰的是，III/SG4的地勤人员和车辆终于抵达了新基地。他们本应于6月6日下午1点乘坐Ju52运输机跟随Fw190机群转场。但是在盟军空军的严密封锁下，根本无法保证Ju52的飞行安全。空运转场的计划被迫放弃。所有人员和车辆只能依靠缓慢且同样不安全的公路运输。终于，在6月8日晚上10点，地勤人员抵达目的地。途中损失了1辆卡车、1辆小型车辆和1台拖车。

6月9日，尽管天气恶劣，III/SG4仍全力出击,但在强敌面前仍然徒劳无功。当晚,由于机场遭到敌方重型轰炸机空袭,包括大队长的座机在内的 14 架飞机不得不紧急降落在法莱斯附近。此后 2 天,机场无法使用。III/SG4 总算是获得了喘息的机会。

6 月 12 日,一旦机场整修完毕,III/SG4 立即再披战袍。然而当机群还在空中集结时,即遭到 8 架喷火战斗机袭击。4 架 Fw190 和 2 架护航的 Me109 被击落。至此,III/SG4 丧失了作战能力,退出一线。剩余的飞行员被派往后方接收新飞机。

就这样,III/SG4 为期 1 周的诺曼底之战结束了。纵观其过程,可以发现,在盟军的绝对空中优势面前,德军战机在向前线机场转场的过程中,在地面修整时,在发动攻击时,都会遭遇敌方优势兵力的袭击。而且由于实力对比悬殊,德军战机根本无法集结起较大的编队,以较有组织的方式投入战斗。他们只能以小部队游击战的方式逐次投入战斗。而在盟军绵密的空中保护伞面前,小规模的渗透也极为困难。即便成功,战果也很有限。最终,部队就在这种持续不断的战斗中逐渐消耗衰竭。

III/SG4 几乎就是德国空军在诺曼底战役中的样本。那些来自帝国本土的增援部队,其处境、遭遇和结局几乎与 III/SG4 完全一致,只是规模更大而已。身处法国的 III/SG4 尚且未能在盟军登陆当天及时投入战斗,那些远在德国本土的部队更不必说。德国空军战斗机总监加兰德将军在战后回忆到:“当登陆最终来临时,先前制定的计划被证明是无效的。由于西线德军司令部认定盟军将在加莱地区发动更大规模的登陆战役,所以迟迟不发出命令。帝国航空队的转场行动延迟了 24 小时。最后是德国空军下达了转场命令。大

部分预先准备好的机场都遭到了空袭。转场的部队不得不紧急降落在其他机场。拙劣的信号网络也中断了,导致更大的混乱。每支部队的地勤分队,都派出一支先遣部队。他们乘坐 Ju52 跟随转场,但是大部分地勤人员得乘坐火车抵达目的地。这需要几天甚至几周的时间。”

除了 JG300 和 JG301 这 2 个全天候战斗机联队以外,帝国航空队几乎将其所有的昼间战斗机部队都调往西线战场,总数大约有 600 架战斗机。不可忘记,这是在强敌面前的大规模调动,不可能不受到干扰。很多部队在转场过程中即与敌人遭遇,部队被打散。而幸存的德军飞行员往往在临近降落地点前被突然告知,他们原计划准备着陆的机场正在遭受空袭,必须改变着陆地点。由此带来的种种混乱使得各部队的组织和建制完全被打乱。据加兰德声称,有 1 个战斗机联队指挥部,一度指挥着 3 个其他联队下属的大队。而属于其建制的大队也在别的联队的指挥下。这是部队解体的征兆。

最终,在混乱中组织起来的德军,只能利用位于巴黎东面和北面的机场。这里距离战区较远,遭到空袭的次数和强度相对缓和,才能勉强使用。但这也意味着德军战机距离战场较远,飞机的作战半径只能涵盖诺曼底滩头北部的英军战区,而对于更南面的美军登陆地域无能为力。而且即便是对英军登陆地域的空袭,也因为距离因素,使得德军战机无法采取迂回路线发动攻击。然而正面强攻意味着更容易遭遇敌方的拦截。

此外,法国境内的前线机场与国内那些设施良好、储备充足的基地,完全无法相提并论。从一开始,来自德国本土的战斗机部队就发现,自己置身于一个完全陌生的环境。先前在对抗

美军重型轰炸机的战斗中，他们是从那些设施完善的机场起飞作战，而且还能得到地面雷达的引导。而在法国的这些前线机场，他们本身就是被空袭的目标。早在登陆战役打响前几周，盟军的轰炸机就对法国境内的机场设施进行了广泛且持续性的空袭。尽管德军努力在残酷的空袭中生存下来，并且令机场继续维持开放，但是这些前沿机场已经遭到了严重削弱。这里的设施简陋。维修人员和零备件都显匮乏。地面引导几乎不存在。为了生存下去，德军必须随时注意伪装，以至于每一次起飞前和降落后，德军战机都必须在跑道和隐蔽地点之间推进推出，不仅困难，也容易遭受损失。而且有几次，一些对前线机场不熟悉的德国飞行员甚至找不到自己的机场，因为它们隐蔽得实在太好了。

II/JG1 堪称这些转场作战部队中的典型。6 月 6 日下午，该部队的 25 架 Fw190 从德国西部基地启程，飞往勒芒。第二天，该大队集中全力，掩护海滩附近的 1 条公路。当时德军的增援部队正通过这条公路赶往战场。掩护任务令该大队飞了 3 次，幸运的是没有遭遇敌机。

6 月 8 日，所有可动用的飞机再次出动。这一次，每架飞机携带 1 枚 250 公斤重炸弹，目标是海滩外的盟军舰船。但是该大队是 1 个标准的战斗机单位。其麾下飞行员从未接受过轰炸作战的训练，更没有这方面的经验。他们只是在出发前获得了简明指导手册，然后就匆匆上阵了。在盟军的登陆场上空，德国飞行员遇到了猛烈的高射炮火，立即丢弃炸弹，低空高速脱离。所有飞机都安然返回基地，只有几架受了轻伤。由于跑得太快，德国人无从观察他们的战果。只是从战后的盟军记录得知，没有任何命中。9 日又尝试了一次同样的袭击，也是无功而返。好在德

国人仍然全身而退。

6 月 10 日，勒芒的机场遭到了超过 100 架哈利法克斯和兰开斯特轰炸机的袭击，留下了巨大的弹坑。德国人已经将他们的 Fw190 伪装起来，并且予以分散。最近的 1 架飞机距离机场也有 500 码以外。所以飞机没有损失。但是由于缺乏修复机场的设备，德国人花费了 6 天时间填平弹坑，机场才再次投入使用。

6 月 20 日，II/JG1 转场至阿朗松。但就是这次转场使得该部队的诺曼底之行戛然而止。当时一队美军的野马战机就在机场上空，一连串的扫射之后，15 架 Fw190 被摧毁。该部队只能退出战斗。

而就在此之前，II/JG1 的许多同伴已经先后撤离。德军原本以为，盟军在法国的登陆将暂时中止其重型轰炸机对帝国本土的空袭，所以才能放心大胆地把帝国航空队的兵力派遣到前线。但是诺曼底登陆后仅 10 天，盟军的重型轰炸机再次光临德国本土，迫使先前的增援部队返回德国。首先撤回的是那些装备 Fw190 的重型突击大队。随后，那些在战场上消耗过度的部队也被撤回重组。由于德国航空工业产能增长，撤回的部队通常都能很快得到装备补充。人员方面的补充也由于航校的努力而得到保证。当然，对于新补充人员的素质不能期望过高。一开始，那些残破的中队一旦完成补充，就会被再次打发到法国前线。但是到 6 月底，加兰德意识到，新补充的人员暂时难以胜任作战任务，把这些部队再次投入诺曼底的激战根本无济于事，遂决定把他们留在后方建立预备队。只有这样，新补充的菜鸟才能得到进一步的训练。按照加兰德的观点，他们在作战单位至少还需要 15 个小时的飞行训练才能投入战斗。

加兰德的举措也许对于挽救德国空军的战斗机部队具有意义，但势必加速在法国的战斗机力量的衰竭。当然，在盟军的强大空中优势面前，这样的结局只是时间问题。另一方面，在法国的德军轰炸机部队也即将走到尽头。由于盟军握有绝对的空中优势，德军轰炸机只能寄希望于利用夜色掩护，空袭盟军的舰船。

登陆当日，英美舰队在诺曼底海滩外集结了 7 艘战列舰、23 艘巡洋舰、105 艘驱逐舰、超过 1000 艘小型舰船和 4000 艘登陆艇。它们都是理想的空袭目标。但是鉴于盟军所享有的无可置疑的空中优势，德军轰炸机必须等到天黑后才能展开行动。他们总共出动了约 170 架次的轰炸机，然而战果寥寥。夜间攻击行动即便无须面对盟军战斗机的拦截，也必须在飞临海滩后面对盟军凶猛的高射炮火力。与那些小型的 Fw190 战机一样，许多攻击行动在发动之前就被迫腰斩。除了普通炸弹以外，德军还动用了诸如弗里茨 X 和 Hs293 这样的无线电制导武器。两者的区别只在于，弗里茨 X 没有动力系统，只是 1 枚制导炸弹；而 Hs293 则拥有 1 个火箭助推引擎，可以被看作是空对地导弹。另一方面，弗里茨 X 因没有动力，故而战斗部较重，适合攻击大型目标；反之，Hs293 的战斗部重量较轻，更适合攻击小型舰船。在当晚的空袭行动中，至少有 40 架次的飞机携带有这些先进武器。但它们的效果远不如预期。先前盟军在地中海的登陆行动中，德军已将这些先进武器投入实战，所以其技术特征对盟军而言并非秘密。只需干扰控制制导武器的无线电信号，就会令其失灵。最终，在登陆后的第一个夜晚，盟军没有任何舰船毁于空袭。更可悲的是，德军轰炸机还遭到了己方高射炮火的攻击。由于自 1943 年以来西线战场的天空长期被盟国空军所统治，德军防空炮火已经习惯于将所有空中目标视为敌人。日后，这样的悲剧还会在西线战场上反复上演。

在接下来的几个晚上，德军轰炸机徒劳地在敌人的优势力量面前消耗着自己，直至伤亡殆尽，而战果甚微。例如，III/KG100 在战役打响前拥有 13 架可发射 Hs293 导弹的 Do217 型轰炸机，但是在战役爆发后第 10 天已损失了其中的 10 架。整整 8 个机组随其座机被消灭。而战果仅限于击沉 2 艘驱逐舰和 3 艘小型舰船。得不偿失的作战行动很快被放弃。剩余的德军轰炸机被用于空投水雷。德国水雷采用一种特殊的水压引信。当盟军舰船驶入水雷杀伤范围以内，舰船行驶时激起的波浪压力就会引爆水雷。这种特殊引信使得水雷很难清除。盟军唯有令船舶放慢航行速度，才能阻止水雷被引爆。由此造成广泛的运输延迟。但这样的成功只具有有限的战术意义，而根本无法带来任何战略影响。

迄今为止的战斗表明，德国空军在法国正经历一场无望的战斗。到登陆战役打响 1 周后，盟军已经到了法国建立的前沿机场。1 条输油管横跨英吉利海峡，为前线提供充足的燃料保障。强弱对比日益悬殊。到 6 月底，第 3 航空队的飞机损失数量已经达到了 1000 架，而战果却很不明显。为了支持战局，OKL 不断从后方调遣大量的人员和飞机，以补充前线损耗。但是到 6 月底，来自后方的补充开始减少。而且前线的燃料危机也开始限制作战行动。到 7 月初，四引擎的 He177 和 Fw200 轰炸机被首先撤回本土。紧随其后的是双引擎轰炸机。这些轰炸机部队返回本土之后，很快就被解散了。到 8 月 11 日，所有部队都接到指示，限制飞行以保存燃料。

▲ 被槲寄生轰炸机重创的英国护卫舰尼斯号

只有在拦截敌方重型轰炸机时，战斗机部队的行动才不受燃料限制。

现在，对德国空军而言，要想扭转颓势，必须寻求更加先进的技术手段。答案只能是槲寄生轰炸机和更加先进的 Me262 战斗轰炸机。

6 月 24 日晚，驻扎圣迪齐耶基地的 KG101 联队首次参战。该部队出动了 4 架槲寄生组合体。这些笨重的飞机首先必须缓慢爬高。航线沿途的高射炮部队已经接到命令，今晚禁止射击。然而不幸的是，其中 1 支高炮部队没有接到命令，结果引起误射。编队指挥官鲁德特的飞机被击中，导致他下方 Ju88 的左引擎失灵。尽管整个槲寄生组合体仍可操控，但速度明显慢了下来。他命令其余 3 架槲寄生继续飞行，而自己落在后面。在勒阿弗尔以西，鲁德特发现 1 架英国蚊式战斗机正朝自己飞来。而他的 Me109 在起飞前已经被拆除了所有武器，以减轻重量，以至于现在毫无还手之力。鲁德特只好立即设定了轰炸航向，然后实施分离。但是 Ju88 上的自动驾驶仪显然无法控制只有 1 台引擎的飞机。分离之后，这架 Ju88 笔直地掉落到海里。最终，当晚的槲寄生攻击行动只击伤了 1 艘英国护卫舰，迫使其回国大修。在整个诺曼底战役期间，KG101 总共发动了 10 个架次的槲寄生攻击，声称至少命中了 1 艘战列舰，但实际上命中的只是老旧的法国战列舰柯尔伯号。该舰当时已经被盟军搁浅在诺曼底海滩上，当作防波堤使用。

至于 Me262，则由于引擎问题尚未解决，根本未能及时派往前线。说来讽刺，这种具有革命性的新式战斗机在德国空军中最初是被作为轰炸机发展的。而这是希特勒基于对抗盟军的登陆威胁所做出的决定。1943 年秋天，在讨论来年的武器生产计划时，希特勒指出，英美盟军即将在法国展开的登陆行动事关战争全局的成败。因此，他一方面投入大量资源来强化大西洋壁垒防御工事；另一方面着手研制一系列抗登陆兵器。希特勒正确认识到，盟军登陆的最初几个小时将是整场战役的关键。为抢占滩头阵地，盟军的登陆部队将不可避免地出现混乱。而德军装甲部队将借此机会集结起来，趁着敌人从混乱中恢复以前，将其击垮。因此，如果能够不断对登陆的敌人实施空袭，无疑将加重和延长敌人的混乱，从而为德军的反击争取到足够时间。

当然，盟军肯定会为其登陆部队撑起1个空中保护伞，阻止德军的空袭。这就要求有一种"闪电轰炸机"，能够突破敌人的空中封锁，空袭海滩上的敌军。而Me262将是唯一可能的候选人。1943年秋天，希特勒询问戈林，Me262是否可以携带炸弹？后者直接将这个问题打发给了梅塞施密特公司的老板，也就是威利·梅塞施密特。尽管这种战斗机并非如Me109那样，出自其本人的设计，但是为了讨好元首，梅塞施密特还是拍着胸脯保证说，只要经过几个星期的设计修订，就可以让Me262携带1吨重的炸弹。需要指出的是，以第二次世界大战时期的航空技术而论，让战斗机携带炸弹并非什么新鲜事，当时的人们也不会对此大惊小怪。1943年11月26日，希特勒在因斯特堡（现为俄国加里宁格勒州的切尔尼亚霍夫斯克）视察了2架Me262的原型机。梅塞施密特趁机大献殷勤，把原先的许诺翻倍。现在，Me262得携带2吨重的炸弹了。这就是希特勒所期望的"闪电轰炸机"。

显然，在希特勒眼里，Me262是一件抗登陆兵器，而不是制空战斗机。1943年12月20日，希特勒在向一群陆军将领讲话时首次谈及这件神器一般的武器。他说道："时间拖得越久，我们就越有可能得到1个大队的喷气式飞机。敌人一旦登陆，就将尝到炸弹的滋味，这将迫使他们寻求掩护，而不是巩固滩头阵地。他们将为此耗费大量的时间。而在半天以内，我们的装甲预备队就会赶赴战场。所以如果闪电轰炸机能够将敌人钉死在海滩上6～8个小时，你们都能看出这其中所蕴含的重大意义。"

在德国空军内部，似乎也无人试图改变希特勒的观点。但是某些人感到，元首的想法不切实际。负责飞机生产工作的空军元帅米尔希，虽然承认Me262是一种轰炸机，但他还是将这种飞机优先作为战斗机发展。而希特勒出于对保密问题的偏执，也从未向空军的高级将领们详细阐述Me262在他心中的位置。

如果Jumo004引擎的发展能够较为顺

▲ 携带炸弹的Me262，机腹下的2个炸弹赫然可见，再加上机头的4门30毫米航炮，的确显得威风八面。

利的话，Me262的确可以承担闪电轰炸机的重任。但是作为世界上第一种进入大规模生产阶段的涡轮喷气引擎，这样的期望是不现实的。这种引擎开辟了一个全新的领域。当时的人们对此知之甚少，对于出现的问题根本无法预见到需要多长时间加以解决，只能在缓慢摸索中积累经验，逐渐完善。所以在1944年5月，德国空军带着乐观的情绪和急迫的心情促使Me262进入量产。事实上直至此时，引擎的设计仍未冻结，各类故障层出不穷。

截至1944年5月23日，262实验指挥部总共只收到了6架飞机。项目进度极为缓慢。当天，戈林带着米尔希等空军高层前往贝希特斯加登向希特勒汇报新飞机的生产事宜。元首无精打采地听着，直到耳朵里听到Me262的名字。然后他问道："我知道262是作为轰炸机发展的。有多少262已经做好战斗准备？"米尔希坦率地回答道："还没有。我的元首。Me262现在还只能作为战斗机使用。"然后是一阵尴尬的沉默。米尔希又进一步补充说："除非做出一些设计改动，否则这款新式飞机还不能携带炸弹。"

听到这里，希特勒终于火了。他打断米尔希的话，咆哮道："绝不！我只想要轰炸机！"他愤怒地发现，尽管自己已被许诺，但是直到现在，Me262还没有为携带炸弹做出修改。几周之内，盟军就会在西欧的某处登陆。而闪电轰炸机还遥遥无期。胜利的希望正在破灭。希特勒粗暴地指责在场的空军军官，并且命令戈林亲自负责将Me262改成轰炸机的问题，尽早解决。

戈林不得不硬着头皮接下任务。在其干预下，1944年6月20日，3/KG51作为德国空军中第一个喷气式轰炸机部队，开始接收这种新式轰炸机。此时距离盟军的登陆已经2周。1个月后，该部队宣称已具备作战能力，并转场至巴黎西南郊外的前线机场。然而实战中的Me262还是令人大失所望。威利·梅塞施密特最终没能兑现他的诺言。作为战斗轰炸机的Me262，只能携带2枚250公斤炸弹，威力有限。新的经过改进的可携带1吨重炸弹的Me262要等到这年8月才能进入试飞，根本缓不济急。而眼下，对于一种全新装备而言，1个月的换装时间也实在是太短了。部队根本不可能真正熟悉这款飞机，特别是其难以伺候的引擎。更糟糕的是，为了防止这种新式武器落入盟军手中，飞行员接到严格命令，在接近战区时飞行高度不得低于4000米，以防在丧失动力以后也能依靠滑翔回归己方空域。这也就意味着，Me262只能采用

▲ Me262B型战斗轰炸机。其特点是，机头部位仅安装2门航炮（左右两侧各有1门），而不是4门。此举显然是希望通过减少航炮数量，来提升其携带炸弹的能力。此型飞机大多装备KG51"雪绒花"联队。

高空轰炸的作战模式。但是作为一款从战斗机改装而来的飞机，Me262并没有配备必要的轰炸瞄准系统，所以投掷炸弹时只能使用用于航炮射击的瞄准具。而在4000米以上的高度，且以高速掠过战场，投弹的准确性根本无从保证。要想命中地面上诸如车辆大小的目标是不可能的。所以盟军根本没有察觉到这种飞机的存在。换句话说，德国人的轰炸全无成效。

显然，新技术无法挽救德国空军在法国的败局。尽管如此，德军在诺曼底的战斗仍然坚持了2个月。主要原因恰恰在于盟军方面充分利用了其手中的重型轰炸机力量。在7月份，为突破德军在诺曼底地区构筑的防御体系，盟军重型轰炸机至少2次大规模空袭德军阵地。然而虽然猛烈的轰炸令德军官兵胆战心惊，但是炸弹留下的数量众多的弹坑也妨碍了盟军地面部队的行动。这才使得经受猛烈空袭的德军还能勉强维持防线。

直至美军集结兵力在战场西侧实施代号为"眼镜蛇"的突破行动，战场僵局才被打破。而如此重大的行动，德军在事前居然无所察觉，这就暴露出德国空军的战场侦察能力问题。在诺曼底战役期间，盟军地面部队指挥官可以持续获得空中侦察情报。而他们的德国对手就完全无能为力。

德国空军的侦察部队由两部分组成：轻巧的Me109负责战术侦察；双引擎的Ju188和Me410负责战略侦察。Me109在执行侦察任务时总是成双成对活动。当一架飞机执行任务时，另一架提供掩护。偶尔，这些飞机根据地面部队指挥官的要求，对某个地区展开侦察。更多情况下还是自行其是，设法渗透进敌占区域，执行任务。

由于白天的飞行过于危险，侦察任务经常放在夜晚。但是夜间拍摄的侦察照片质量欠佳，很难获得有价值的信息。在这样的夜间侦察行动中，德国人总是在6000米高度高速穿过所需侦察的区域，同时投掷照明弹。照明弹会在距离地面1500米高度引爆，施放出600万烛光度的亮光。持续时间三分之一秒，但足以让照相机按下快门。用这种方法可以确保连续拍摄4～5张照片。然后是1个10秒钟的间隔。当然，在黑暗的夜空中投掷照明弹无异于暴露自己的位置。如果侦察机飞行员希望生还，经常要及时中断任务。特别是随着盟军夜间战斗机和地面防空炮火的增强，德军的夜间侦察越来越困难。侦察高度被迫降低，时间也必须缩短。由此导致侦查效果越来越差。德军只能获得一些零星的信息。

缺乏空中侦察能力给德军造成了严重后果。7月底，巴顿率领的第3军团终于在战场西段实施了代号"眼镜蛇"的突破，从而完全破坏了德军在诺曼底地区的防线，并成功迂回到德军后方。美军的突破完全出乎德军的意料之外。

然而一旦突破形成，那些拥挤在突破口的美军部队都是绝佳的空袭目标。但是德国轰炸机很难利用这样的机会了。为了阻止巴顿的挺进，8月上旬，III/ KG100连续4个晚上空袭阿弗朗什附近的1座桥梁。尽管动用了Hs293导弹，德国人仍然损失了6架飞机，及其机组乘员，而桥梁只受到轻微破坏，不影响使用。

为了扭转侦察领域的颓势，德国空军于7月底向法国派遣了2架Ar234喷气式轰炸机。这种飞机尚未正式服役，所派遣的也只是其V15和V17两架原型机。然而从一开始，行动就不顺利。25日的转场当天，1架飞机因为引擎故障被迫返航。只有1架飞机抵达法国。飞机刚降落，就被隐蔽起来。在随后的1周里，尽管战况危急，急需情报。这架飞机仍未有任何动作。因为缺乏必要的支援设备，这种先进飞机根本无法使用。早期的Ar234，出于减重的需要，根本没有安装起落架。在降落时，飞机依靠本身携带的滑行雪橇降落在跑道上。而在起飞时，它依靠1个特制的滑车来完成跑道滑行，一旦飞机起飞，滑车会留在地面。阿拉多公司为它的每一架Ar234原型机制造了1辆滑车。而由于原型机之间都有细微差别，所以滑车也不能互换使用。而且，当油箱处于满载状态时，单凭飞机本身的动力不足以完成起飞，需借助额外的火箭助推器。

现在，所有这些辅助设备还都在坐火车赶来的途中。在此之前，飞机只是个纯粹的摆设。直至8月2日早上，一切准备就绪。第一次喷气飞机的侦察任务正式开始。飞机首先朝西飞行，并继续爬升至10000米高度。当到达瑟堡上空时，飞行员改变航向，并继续加速至700公里时速，以水平姿态朝诺曼底滩头飞去。到达目标上空时，机身下的2部照相机开始工作。每一部相机都配备了50厘米的长焦镜头，足以覆盖飞行航线两侧宽10公里的地区。相机快门以11秒的间隔持续拍摄图像。

这是个美丽的夏日清晨，天气晴朗，云淡风轻。从德国飞行员的视角看下面，很难想象数以百万计的人正在相互厮杀。就算有盟军的飞机试图前来挑战，德国飞行员也没有注意到。他忙于集中精力操作飞机保持水平状态，并且沿着直线飞行，10分钟后，飞机转向180度，沿着刚才的路线反向飞行，

照相机继续工作。如此反复进行3次，等于把整个战场扫描了一遍，然后才安然返航。

这次持续不到90分钟的飞行任务，总共拍摄了380张照片。这个数字比过去8周获得的情报总和还要多。1个12人的照片判读团队，花了超过2天时间初步分析了这些照片。详细分析需要几周，但是初步分析已经清楚表明，盟军已将380万人和30万台车辆送上了诺曼底海滩。

也是在8月2日，先前因引擎故障而返回的那架飞机终于也到达了前线。在随后的3周，这2架飞机总共飞了13次。与Me262一样，Ar234也没有引起盟军的注意。侦察行动一切顺利。至此，德国空军总算恢复了战场空中侦察能力。遗憾的是，此时盟军已经突破了德军的防线，Ar234带回的大量情报已经不足以影响战局发展。

由于盟军在突破德军防线后一路高歌猛进，德军被迫全面向塞纳河撤退。德国空军在法国的基地网络被这股撤退的洪流冲得七零八落。大量的基地被放弃。一起丧失的还有大量不能及时带走的技术装备。而且基地网络的丧失比空战更能削弱空军的战斗力。

8月中旬，第3航空队只剩下75架可用的战斗机。到为掩护德军冲过塞纳河，OKL再次下令从帝国航空队中抽调4个战斗机大队，增援法国。这是加兰德2个月来好不容易建立起来的预备队，现在却被要求冲进撤退的洪流中。OKL也许希望这些增援能够缓解局势，但是如果没有健全的后勤支持，他们只会被这股撤退的大混乱所裹挟。加兰德为此提出了强烈抗议。但是在希特勒本人的命令面前，抗议当然无效。

事情正如加兰德所预料，这些增援部队迅速被重创，然后再被撤回。II/JG6就是一

个典型。它是增援的 4 个大队中的 1 个。该部队于 8 月 23 日抵达法国时，许多飞行员最近刚从 Me410 转换而来。他们来自轰炸机部队，既不熟悉单引擎战斗机，也没学过空战格斗技巧。8 月 25 日，该大队首次参战。40 架 Fw190 奉命实施空中巡逻，掩护圣康坦地区的地面部队。在此他们遭遇了美军第 394 大队的 12 架 P38 闪电战斗机。后者当时正在扫射 1 个德军的野战机场。在接下来的战斗中，6 架闪电被击落。但是美国人的增援很快也到了，他们是来自 376 战斗机大队的 2 个中队。接下来形势迅速逆转。16 架德国战斗机被击落，还有几架受伤。但战果仅限于又击落了敌方 1 架飞机而已。理论上，参战双方实力相近，Fw190 完全可以对抗闪电。但是由于德国飞行员缺乏格斗技巧，终于落败。而且还损失了鲁迪·达骚上尉。他是当时德国空军最优秀的重型轰炸机杀手，拥有 22 个击坠记录。他在此战中阵亡。尽管在 1 次行动中就失去了半数兵力，II/JG6 继续奋战在一线。幸存的部队被命令掩护地面部队度过塞纳河。损失日渐加重。最终，该部队 40 名前往法国的飞行员，仅 4 人生还。其他部队的遭遇也都大同小异。迟早这些部队都会被消耗掉。

到 8 月底，随着巴黎解放，盟军的攻势终于暂时停顿了下来，以便休整部队、巩固后勤供应线。德军终于获得了宝贵的喘息时机。

崩溃的东线

从 1943 年下半年开始，鉴于帝国本土所遭受的空袭压力越来越大，德国空军大量从东线战场抽调部队。即便在希特勒明令禁止此种行为之后，战斗机总监加兰德中将仍然阳奉阴违。其结果是，到 1944 年，东线战场已不再是德国空军的战略重心所在。与其庞大的地面部队一样，苏联空军即便未能在质量上压倒德国空军，在数量上也已经稳居压倒性优势地位。悬殊的力量对比使得德军在 1944 年夏季的东线战场上惨遭重创。

当诺曼底战役打响时，东线德军也正期待着红军即将到来的夏季攻势。6 月 10 日，红军终于启动了他们的攻势浪潮。但出乎预料的是，攻势的第一波是在芬兰前线的卡累利阿打响的。负责此处战线的第 5 航空队立即感受到严重压力。但只能从第 1 航空队得到 2 个 Ju87 大队的支援。德军统帅部正确判断出，北方的交战只是序幕，更大规模的战役马上就会开始。

6 月 21 日，东线的德国空军取得了 1 次少有的胜利。当天，美军第 8 航空军所属的 114 架飞行堡垒轰炸机在 70 架野马战机的护卫下空袭了德国东部的西里西亚地区，随后顺势飞越波兰领空，降落在乌克兰的波尔塔瓦地区的 2 座机场。他们预计在此加油装弹，并于第二天返回意大利。途中将顺道再次空袭第三帝国的土地。这就是穿梭轰炸的概念。

然而 1 架德军的 He177 侦察机跟踪美军，直至其降落。在得到确切消息后，从波兰东部机场起飞的 KG4、KG53 和 KG55 三个联队的 7 个轰炸机大队，近 200 架 He111 和 Ju88 轰炸机于当晚发动空袭。原计划对美军停留的 2 处基地都要空袭，但因气象条件限制，最终仅空袭了一处，但已足以造成重大损失。该基地的 72 架飞行堡垒有 44 架被摧毁，26 架受损，仅 2 架完好。此外，还有 5 架战斗机被毁，28 架受伤。存放于此的 40 万加仑燃料也被付之一炬。

美军随即下令幸存的飞机飞往扎波罗热，以跳出德军轰炸机的作战半径。6 月 26 日，幸存的飞行堡垒空袭了匈牙利，然后返回意大利。此时兵力还不及当初的一半。

此次胜利对于东线的战局未产生影响，但是对于德国本土的防空作战具有重大意义。一直以来，针对英美的战略空袭，德国空军将其防御重点放在德国西部和南部地区。而东部的空防较为薄弱。由此促使美军开发穿梭轰炸的概念，希望利用苏联的空军基地开辟空战第二战场。在经过长期准备之后，才终于付诸实施，如今却出师不利。穿梭轰炸行动到此为止。德国空军也就无需巩固帝国东部的防空体系了，由此节约了大量资源。

但是德军没有多少时间来庆祝他们的胜利。6月23日，期待已久的巴格拉奇昂行动终于开始了。白俄罗斯方向的红军重兵集团对德军中央集团军群实施了大规模钳形攻势。苏联空军正确认识到，由于战线漫长，兵力不足，故德军极为倚重炮兵对无人防守的空隙实施火力封锁。所以只要苏联空军摧毁德军的炮兵阵地，德军的整个战线就会变得千疮百孔。

而这时，德国空军在东线战场的衰弱境地一览无遗。第6航空队只能以手头不足1000架飞机的规模对抗苏联空军的4500架飞机。由于大批战斗机部队已被调回本土，现在德军在东线的战斗机甚至不足以掌握局部制空权。德国战斗机既不能阻止苏联空军的空袭，也无力对苏军实施同样的空中打击。其结果是灾难性的。炮兵阵地被摧毁，红军的机械化兵团得以长驱直入。他们迅速深入到德军一线防御体系的后方，然后予以合围。

与在法国前线的情形一样，一旦地面防线被突破，整个空军的基地网络就会随之崩塌。部队开始频频转场撤退。在这个过程中，部队不仅毫无战斗力，而且还会蒙受巨大的装备损失。例如，I/JG51从6月23日到7月1日的8天时间里，进行了7次转场飞行，以避敌锋芒。当然，在这种狼狈的逃窜中，德国人还丢弃了大量暂时不能使用的飞机。I/JG51从最初的28架飞机，降至18架。损失的飞机中，大部分只需花费时间进行修理，就可以恢复使用，而如今只能被炸毁，以免被敌人虏获。更糟糕的是，在这种转场过程中，部队是完全没有战斗力的。这更为苏联空军的作战行动大开方便之门。后者在战役开始后的10天里，总共出动了55000架次，充分展现了自己的威力。

那些陷入包围的德军地面部队，现在面临着绝望的处境。如果他们继续坚守阵地，迟早会因弹尽粮绝而完蛋。如果及时进行撤退，又会遭到苏联轰炸机的残酷杀戮。仅仅在明斯克一地，死于空袭的德军官兵就达5000之众。许多德军部队都在撤退过程中伤亡惨重，濒临解体。他们即便侥幸逃出包围圈，也不可能迅速重整旗鼓，重建防线。这也就意味着一切应急防御计划根本无法执行。那些饱读兵书的普鲁士将军们对此束手无策。

对德军而言，当务之急显然在于必须设法阻挡红军的突进，特别是红军装甲部队对德军纵深防御地带的突破。然而地面战局的恶化导致空中作战无法进行；后者又反过来使地面战况进一步趋于崩溃。这个恶性循环只有通过从外部输血才能得到缓解。不得已之下，OKL只好下令从西线和意大利战场调集了4个战斗机大队和3个战斗轰炸机大队。此外，乌克兰战区的第4航空队也增派了几个反坦克中队。

1944年6月，III/SG3正在德国本土换装Fw190。当苏联人的攻势开始后，他们被立即召回前线。维纳·盖尔上尉是该部队的一名

▲ 地勤人员正在给一架Fw190F-8型战斗轰炸机安装武器。炸弹和炮弹一样不能少。Fw190系列中只有F型为战斗轰炸机型号。

飞行员。他在战后回忆说:"我们的任务是尽量拖慢敌人的脚步,为我军争取时间重组防线,挡住敌人。一旦战线的某处出现缺口,我们就会被派往那里。战线发展非常快,以至于我们每天都要侦察敌情,确定战线位置。我们会向我们负责的区域派出一些侦察机,以确定敌人的位置和他们的移动方向。我们对于自己的位置和前一天晚上敌人所在位置都很清楚,所以我们知道在哪里可以发现敌人。一旦敌人的装甲部队突破了防线,他们就会进入一块开阔地带,发现他们并不困难。一旦侦察机报告了确切消息,我们就会根据目标的重要程度排列攻击顺序。我们的飞机装备有2门13毫米机枪和2门20毫米机炮。我们通常用它们进行扫射。炸弹方面,我们使用250公斤炸弹和500公斤级炸弹。此外,我们也会使用SD2、SD10这样的小型炸弹。当我们发现敌人时,我们不会正面迎上去。

我们的基本战术是攻击那些薄弱的补给车辆。他们可以被机枪和航炮解决。只要不能补给燃料,敌人的攻击势头自然就会缓慢下来。然而如果敌人的坦克正在与我军交战,那么他们就会成为主要目标。正常情况下,我们总是以四机编队的形式作战。有时候,我们为了对付大群敌人,可以集结起12架飞机发动攻击。通常我们从2000米的高度接近目标。这足以躲避敌人的轻型高射炮火力。对付敌人的坦克和装甲车辆时,我们经常使用跳弹攻击的方法。在距离地面10米左右的高度,以时速500公里飞行。当敌人的坦克从我们正前方视野中消失时,就是投弹的最佳时机。炸弹装有1秒钟的延时引信,足以令我们的座机脱离爆炸范围。我们经常在开阔地带用这种方法攻击敌人的坦克。有一次我先丢下炸弹,再用机枪扫射其它目标。在红军攻势的初期,我们的作战极为频繁。经常每天要飞 7～8 个架次。平均每次飞行时间半小时左右。敌人距离我们从来就不会太远。有时候，敌人速度太快，以至于脱离了高射炮的保护，这时我们就会狠狠打击他们，且不会受到损伤。我们很少遇到苏联战斗机。我个人只有 2 次这种经历，而且双方都没有损伤。即便是这样，1944 年夏季的苏联战斗机，也比以往显得更加积极。"

但是在庞大的红军装甲洪流面前，诸如 III/SG3 所付出的努力如同螳臂当车。为了充分挖掘潜力，戈林甚至明令出动 He177 这样的重型轰炸机。

也是在 1944 年 6 月，以东普鲁士柯尼斯堡为基地的 KG1"兴登堡"联队宣称，其麾下 3 个 He177 大队都已具备作战能力。该联队现在是德国最强大的战略打击力量。由于德国空军缺乏远程护航战斗机，He177 不可能像美军的飞行堡垒那样，对英国发动昼间空袭。而如果像英国人那样进行夜间轰炸，又由于缺乏精确的导航系统和雷达探测系统，无法有效命中目标。德国的电子工业虽然技术上尚算先进，但是在战争末期已经呈现出饱和状态，不可能满足远程轰炸机的电子战需求。所以东线战场就成为 He177 主要的战争舞台。只要燃料供应状况允许，KG1 就会竭尽所能投入战斗，打击红军战线后方的补给中心和军队集结地域。He177 通常飞行在 6000 米以上的高度。在这样的高度，德军轰炸机很少遇到苏联空军的挑战。后者很清楚自己在这场战争中扮演的战术支援的角色。其主战装备都是强调低空性能的战术战斗机和战斗轰炸机。该联队最强有力的一次行动，是一次出动 87 架轰炸机，空袭了莫斯科以西 300 英里的大卢基。这里是苏联重要的铁路交通枢纽。当 87 架轰炸机在天空中排列成 3 个紧密的 V 字形编队时，那景象的确令人印象深刻。

然而随着战局地面形势的恶化，情急之下的戈林甚至命令 KG1 也要执行反坦克任务。很难想象这些重型轰炸机低空飞行，去攻击那些小型移动目标。尽管联队长莱尔森中校提出了抗议，终究还得执行命令。莱尔森只好命令以双机编队的形式实施空袭，期望以此提高轰炸机的自卫能力，但是仍有 10 架 He177 被苏联战斗机击落。而战果却不明显。终于，残酷的现实终于证明，He177 实在不适合执行此类任务。KG1 这才从这种麻烦的任务中抽身。

与奋战在法国前线的同伴们一样，在东线的德国空军很快也感受到了燃料危机。各部队都接到指示，尽全力保存燃料。办法之一是用牲口牵引飞机，将其从隐蔽地拖往起飞点。而在飞机降落后，飞行员必须立即关闭引擎，等待牲口来把飞机拖走。

到 7 月底，东线空军部队的损失已经超过了他们接收到的增援。而形势还在继续恶化。8 月 20 日，红军开始在乌克兰方向发起全线进攻。几乎同时，罗马尼亚发生政变，亲德的安东奈斯库政权被推翻。新政府立即对德国人宣战。腹背受敌的德军南乌克兰集团军群惨遭失败，损失了大约 30 万官兵。为其提供空中支援的德国空军第 4 航空队根本无力阻挡苏联空军，只能一路退到保加利亚。但喘息未定，保加利亚就于 9 月 6 日步罗马尼亚的后尘，宣布倒戈。德国人只能继续溃败，撤往南斯拉夫和匈牙利。此时其麾下飞机总数已不足 200 架。

与此同时，在北方，红军于 8 月底打到了东普鲁士边境。1 周后，芬兰也宣布退出战争。第 5 航空队只能撤往挪威。到 1944 年 10 月中旬，苏联红军已经基本收复了国土。

第1航空队被留在了拉脱维亚的库尔兰半岛，他们与德国后方的陆地联系已经被切断。以东普鲁士和波兰为基地的第6航空队只有不到1000架各型飞机。现在，德苏两方的飞机数量的比例升至1比5。而掌握着战略主动权的红军更可以在其选定的时间和地点作战，从而使局部战场上的实力对比更加悬殊。德国人所面对的形势更加绝望了。

帝国保卫战

自从第二次世界大战爆发以来，第三帝国的领空就成为一个独立的战场。首先是英国皇家空军的轰炸机，其次是美国陆军航空兵，先后出现在这片战场上，努力实践着意大利人杜黑的空权理念。在具体分工方面，英国轰炸机负责在夜间摧毁德国的城市；美军轰炸机负责在白天炸毁某个具体目标，诸如工厂、铁路车站、港口等等。自1943年以来，随着英美战略空军对德国的空袭日益猛烈，德国空军被迫将其战略重心转移到帝国上空。在这个战场上，德国空军正在分别强化其夜间战斗机部队和昼间战斗机部队，以从事两种截然不同的作战行动。

首先来看针对英国轰炸机部队的夜间战斗。由于夜晚条件下视野不良，与英国人的较量主要是基于电子战技术的猫鼠游戏。部队的规模尚在其次，技术优势却是至关重要。从1943年的夏天开始，由于英军在轰炸行动中大量投放铝制的干扰箔条，严重影响德军雷达的效能，从而一度令德国夜间战斗机部队处于绝对劣势。但从那以后，德国人扩充了部队，改进了装备，终于挺了过来。到1944年，德军夜间战斗机部队正处于巅峰状态。

夜间战斗机部队的恢复，得益于3件新式装备。首先是SN2机载雷达。工作频率在85～90赫兹，不会受到英军铝制箔条的干扰。而且SN2的工作频率与德军已经装备的弗列亚雷达很相似，所以就算英军的电子侦察机捕捉到SN2雷达的信号，也会与弗列亚雷达相混淆。而只要无法获得德军雷达的具体工作参数，就不可能发展出针对性的电子对抗措施。

另外两种电子装置是"纳喀索斯"和"弗伦斯堡"。它们分别可以捕捉到英军H2S机载雷达和尾部雷达告警器发出的信号，从而可以借此追踪到目标。有了这些新装备，德军夜间战斗机部队放弃了原先每架飞机在1个固定雷达引导下的作战模式。此种模式只能令数量有限的飞机在指定区域内作战。现在，在新式电子设备的帮助下，德军夜间战斗机可以在一个更大的空域内自由活动。作战空域的扩大和参战飞机数量的增加，有效提升了战绩水平。最明显的例子是在1944年3月30日至31日的晚上。当晚，皇家空军出动了800架轰炸机空袭纽伦堡。德军调集了246架夜间战斗机迎战。他们成功击落了至少80架英军轰炸机。再加上地面高射炮的火力，当晚英国人一次损失了94架轰炸机。此外，在那些成功返回英国的飞机中，还有12架因伤坠毁，37架受到重创。这次惨败迫使英军暂时将空袭目标限定在西欧地区。这既是为了支援即将到来的诺曼底登陆，也是为了减少英国轰炸机在敌方空域的滞留时间，从而增加生存机会。

只要德国人的技术装备继续有效，就有能力重创英国轰炸机部队。但是要保守技术秘密绝非易事。7月13日晚，1架Ju88G型夜间战斗机从荷兰起飞，计划前往德国进行维修。但是缺乏经验的飞行员居然搞错了方向，误降英国机场。英国人立即对这份从天而降的大礼做了仔细检查。德国人的秘密武器大白于天下。针对 SN2 的工作频率，英国人制造了新的铝制干扰箔条。至于"弗伦斯堡"系统，英国人承认，它的确很有效，所以立即下令轰炸机拆掉尾部雷达告警器。很快，英国人又查到了关于"纳喀索斯"系统的蛛丝马迹，随后下令必须谨慎使用 H2S 机载雷达。

此外，由于诺曼底战役的失败，德军被迫向德国边境后撤。这使其原先完整的防空雷达网络出现了致命的缺口。英国轰炸机充分利用了这一有利形势，袭击德国的西部和南部地区。而且重建雷达网络的努力也遭遇挫折。新的雷达站一旦开始发射无线电信号，很快就会把敌人引来。

更糟糕的是，英军第 100 大队实施了一种新式夜间战斗模式。该大队拥有 5 个中队的特种飞机，全部是由 B17、B24、哈利法克斯和斯特林轰炸机改装而来。这些飞机携带有大量干扰箔条，可以干扰德军各型地面防空雷达和机载火控雷达的工作。其中一些飞机还安装有高功率信号发射器，用于干扰德军战机与地面的无线电通讯。

第 100 大队还拥有 6 个蚊式战斗机中队，专用于在德国领空猎杀德国夜间战斗机。这是一场以电子战为基础的空战。蚊式飞机配备的接收器可以追踪到德军 SN2 雷达的信号，然后顺藤摸瓜，找到他们。还有些蚊式飞机可以追踪到德军战机的敌我识别应答器的信号。后果也是一样。由此带来的战损迫使很多德国夜间战斗机关闭敌我识别系统，而这又会招致地面高射炮兵的误射。

通过以上种种措施，从 1944 年夏季开始，英军轰炸机越来越自如地飞行在德国上空，而且损失较小。德军夜间战斗机再也未能重新掌握技术优势。

当英国轰炸机持续摧毁德国的城市时，美军轰炸机则坚持进行昼间精确轰炸。在美国人看来，英国的夜间空袭只能确保把炸弹丢在敌人的土地上，至于实际效果，却非常可疑。毕竟，炸毁 1 幢房屋或者炸死几个老百姓，和削弱德国的战争实力并不构成直接关系。更何况，夜间轰炸的不精确性，使得许多炸弹干脆被丢到了旷野上，除了留下 1 个弹坑，毫无意义。而美军自信，凭借手中性能优越且数量众多的 B17 和 B24 型轰炸机，他们可以在白天深入第三帝国的领空，更精确地摧毁德国的工业和运输设施，从而直接地削弱德国的战争机器。这种自信源自于美军优越的技术和强大的生产能力。英国轰炸机因为自卫火力薄弱，只能借助夜幕的掩护，才能自由出入第三帝国领空。而美军相信，他们的 B17 型轰炸机，不仅结构强固，而且周身都有装甲和机枪的保护，是名副其实的飞行堡垒。再加上紧密的空中编队，足以编织出 1 个密集的防御火网，令任何想要接近的敌方战斗机望而生畏。

1943 年 1 月，55 架 B17 型轰炸机空袭了德国北海沿岸的威廉港海军基地，从而拉开了美国陆军航空兵空袭德国的序幕。尽管依靠集结数量众多的战斗机，德国战斗机部队在 1943 年的战斗中打得不错，但是这些成绩源自一个基本事实，即美军轰炸机群缺乏战斗机的保护。而且美军高层对于其战略空袭目标仍然存在分歧。最典型的例子就是 1943 年 10 月 14 日对德国施威夫特轴承工厂的空袭。由于缺乏掩护，出击的 291 架美军轰炸机中竟有 77 架未能返航。而尽管重创了德国的轴承工厂，但是考虑到德国很可能会从瑞典、瑞士等中立国购买轴承来弥补损失，美军当前付出的代价似乎得不偿失。于是，进

▲ 美国历史学家保罗·肯尼迪称野马战斗机为"二战中最可怕的远程战斗机"

一步打击德国轴承工业的空袭行动被叫停。

　　而当进入 1944 年以后，两项新的举措使得美军终于扭转了战略空袭的颓势局面。首先是大量 P51 野马远程护航战斗机开始投入使用。这种新式战机令德国空军处于两难的境地。以往的战斗经验表明，德国空军必须依赖其双引擎重型战斗机，才能获得足够的火力对抗盟军的重型轰炸机。但是在面对敌方单引擎战斗机时，笨重的 Me110 战斗机根本不是对手。早在不列颠空战时，德国空军就已经发现了这一点。相反，只有 Me109 和 Fw190 这样的单引擎战斗机才能与美军的护航战斗机展开格斗，但是这些飞机在面对重型轰炸机时，又显得火力不足。当然，Me262 可以兼顾这两方面的需求。然而在 1944 年的夏天，这种先进战机仍然还是镜花水月。

　　其次，到 1944 年，美军战略轰炸机部队终于找到了最理想的攻击目标，即德国的合成燃料工厂。首先，燃料工业是德国战争机器的基础。只要令德国的燃料供给发生困难，则无论制造多少坦克飞机都只是白费力气。其次，这些合成燃料工厂所处的区域相对集中；工厂体积巨大，至少暂时难以分散隐蔽，是最理想的空袭目标。最后，燃料工业是德国战争机器当中的薄弱环节。到 1944 年，第三帝国每年可获得的液体燃料只有 800 万吨，只能勉强满足战争需要。而且无论是其国内的合成燃料工厂，还是其控制下的罗马尼亚和匈牙利的油田，其产能都已经达到极限，进一步增产绝非短期内可以实现。换句话说，燃料工业不可能像轴承工业那些，在遭到打击之后寻找到后备来源。

　　5 月 12 日，935 架飞行堡垒和解放者轰炸机在大批野马战机的掩护下空袭了帝国境内的 5 座大型合成燃料工厂。尽管美军损失了 46 架轰炸机和 10 架护航战斗机，但是空袭效果还是立竿见影。德国航空汽油在 4 月份的产量尚有 17.5 万吨，而到 6 月份时已跌落至 5.5 万吨。德国人迅速采取措施来拯救德国的燃料工业，否则势必坐吃山空，坐以待毙。

首先是加强防空火力。在莱比锡附近至关重要的洛伊纳合成燃料工厂周围，德国空军第 14 高射炮师部署了 8 门 128 毫米高射炮、24 门 105 毫米高射炮、342 门 88 毫米高射炮。如此强大的防空火力使得洛伊纳成为美军轰炸机最为畏惧的目标。因此，当美军展开空袭时会同时施放干扰箔条，以令德军的火控雷达完全失效。如此一来，德军的高射炮只能依靠光学瞄准镜实施射击。准确性大大下降。而德军的对策是，干脆实施盲射。首先估算敌机投弹空域，然后集中高射炮盲目射击该区域。此举未必能够击落多少敌机，但可以干扰其投弹工作，从而显著降低轰炸的准确性。当然，此种战术对弹药的消耗极大。每对抗一次敌机的空袭，动辄需要数十万发炮弹。这样的弹药消耗量，如果放在东线战场上足以击退红军的一次小规模进攻。由此可见，德国人的确是不惜工本。也只有在保卫诸如合成燃料工厂这类最重要目标时才允许采用如此奢侈的作战方式。

其次，德国人启动了一项庞大工程，用以为工厂和工人建造了更多的防护掩体，同时开始建造新的燃料工厂。他们计划在全德国范围内建造 7 家大型炼油厂和 41 座小型炼油厂。前者将是全地下建筑，用于生产航空汽油。后者建于地面，但是会受到严密的伪装。而且由于目标太小，将不值得盟军出动大规模轰炸机编队对其进行空袭。这个庞大的建设工程拥有高度的优先权。甚至陆军也必须令 7000 名工程技术人员退役，以补充人力资源。全部的参与者人数高达 30 万人。其中不乏来自欧洲各地的奴隶劳工。因此，希姆莱领导的党卫队也掺和进来，对所有人员予以监视，以确保士气不受影响。按照乐观的估计，这些新工厂应从 1944 年秋天开始陆续建成投产。

最后，作为最根本的应对之策，德国空军必须设法抗衡美军的重型轰炸机编队，重新夺取帝国上空的制空权，至少是白天的制空权。鉴于野马战机导致的不利态势，德国空军只能暂时谋求以针对性的战术手段。这些措施有些具有一定的成效，有些则完全失败。

德国空军首先着手改进其重型战斗机的装备和战术。1944 年 5 月，德国空军为其 Me410 重型战斗机安装了 1 门 BK5 型高速航炮，以强化该机作为重型轰炸机杀手的角色。这种火炮原本是安装在装甲车辆上 50 毫米火炮，现在却被搬到了飞机上。飞行员通过 1 个潜望镜瞄准射击。理论上，尽管开火速率较低，但是只要有 1 发炮弹命中飞机的结构组件，即可确保摧毁。根据加兰德本人的说法，这个疯狂的主意源自希特勒本人。他根据坦克战的交战距离不断延伸的现象，断定战斗机上的火炮射程也应该加大，所以才为 Me410 安装了这门射程可达 1000 米的火炮，以使其可以在远距离狙杀美军重型轰炸机。希特勒的思路也许并不错，但是只有在空对空导弹实用化之后才能实现。而眼下，为战斗机安装如此大口径的火炮，不仅恶化了战机性能，而且火炮本身也故障不断。

这种重武装的 Me410 被称为 Me410A-2/U4。II/ZG26 是第一个装备这种战斗机的部队。实际使用表明，BK5 型航炮的自动装弹系统经常出现故障并导致卡壳，很少能连续射出 2 发以上的炮弹。唯一可取之处是，当 Me410

接近到敌机尾部 1000 米距离时，它们可以在敌方防御火力之外安全地瞄准目标，以点射的方式攻击敌人。但是这种双引擎战斗机比重武装的 Fw190 突击型的机动性更差，很容易被美军护航战斗机猎杀，必须谨慎使用。

II/ZG26 驻扎在波罗的海沿岸的柯尼斯堡。德国人希望此地足以远离美军野马战机的作战半径。然而实战表现还是大出德国人所料。5 月 13 日，美军第 8 航空军长途跋涉了 2000 公里，空袭了德国东部的波森（现为波兰的波兹南）。德国空军以为野马不具备如此长距离的护航能力，遂放心大胆地派遣 II/ZG26 出战，结果被野马一口气干掉 12 架。Me410 战斗机和 II/ZG26 都未能从这次打击中恢复过来。但是德国人对于 BK5 型航炮仍然抱有期望。日后它又被装到了 Me262 上面。

既然已无法再指望重型战斗机，德国空军只好把希望寄托在改进后的单引擎战斗机身上。这就是在标准的 Fw190 战斗机基础上开发的"尾部撞击型"版本。这种特殊的 Fw190 专门从敌方轰炸机的后方接近，并且在近距离攻击敌机。为此在座舱两侧配备了额外的装甲、钢化玻璃和额外的武器。除了机翼上的 2 门 20 毫米航炮以外，这种强化型还配备了 2 门 MK108 型 30 毫米航炮。此型火炮结构紧凑、重量较轻且只需用普通钢材加工制造，是战争末期德国空军的标准空战装备。尽管如此，MK108 型 30 毫米航炮远非完美。它的炮口初速较低，有效射程只有 150 米。这迫使德国战斗机采取一套以肉搏战为基础的复杂战术安排。

由于携带了额外的装甲和武器，"尾部撞击型"Fw190 的重量增至 7 吨。机动性和操纵性都大幅度下降。在与野马战机遭遇时，它们完全无力自卫。因此，每一个撞击型 Fw190 大队都需要 2 个标准的 Me109G 战斗机大队护航，以组成 1 个有 100 架飞机的大编队。其中，Fw190 负责进攻敌方轰炸机群，而 Me109 负责牵制住美军的护航战斗机。后者为此专门增强了引擎动力，并且减少了武器配置，以便强化机动性。美军的轰炸机编队绵延上百公里，护航战斗机不可能同时照顾到所有轰炸机编队。总有弱点会暴露出来。这就是德国人的机会。

实战中，德军飞行员会在地面雷达的引导下接近目标，并与敌方机群保持平行航向。德国战机以中队为单位，从敌人后方高速接近，选择目标机群并发起攻击。1 个中队的 12 架飞机采取密集编队向美军的轰炸机编队发起进攻。座舱周围的装甲能够使飞行员在面对敌方防御火力时拥有较大的生存机会。当距离敌机 100 米以内时，MK108 型航炮的准确性已能得到充分保证。此时弹丸的散布面积只有 0.7 平方米，不可能打偏。只有到这时，飞行员才会开炮。他们要在不到 2 秒钟的时间里完成目标选择、开火和转向脱离全过程，否则就会直接与目标相撞。显然，这种激进且危险的战术只适合少数熟练飞行员采用。

IV/JG3 是第一个正式装备此种"尾部撞击型"Fw190 的大队。其特殊的战术使其成为所谓的"突击大队"。到 1944 年 5 月，该大队已完成相关训练。但是诺曼底战役使得盟军的重型轰炸机暂时转移了目标，从而推迟了该大队上阵的时间。

7 月 7 日，美军第 8 航空军出动了 1129 架飞行堡垒和解放者轰炸机，空袭莱比锡附近的德国合成燃料工厂。IV/JG3 在大队长达尔少校的率领下奉命发动攻击。他们得到了来自 JG300 的 2 个 Me109 大队的掩护。这 3

个大队总共拥有 90 架飞机。

达尔成功地率领他的机群绕到了美军轰炸机群的后方。他们选中的目标是第 429 大队的解放者轰炸机。该部队位置孤立，暂时没有得到战斗机掩护。达尔靠近敌人，然后将编队一分为三，各自寻找目标。其中一名飞行员哈格纳上尉战后回忆说："一旦突击大队抵达敌方集群后方 1000 米位置，指挥官将命令部队排成紧密的线形队列冲向目标。此时我们完全依靠 30 毫米航炮。尽管炮弹威力足够，但是炮口初速较低。所以距离增加将显著降低准确性。而且我们每门火炮只能配备 55 发炮弹，只够连续射击 5 秒钟，所以也容不得我们在远距离浪费弹药。我们凝神屏息，就像腓特烈大帝的步兵那样，紧握扳机直至能看清敌人的眼珠再开火。在冲锋过程中，每个人会选择 1 个目标。当然，敌人会拼命抵抗。我仍然记得，天空中充斥着弹痕。但是我们接到严令，直至队长下达命令，否则不得开火。我们咬紧牙关，奋力冲锋。事实上，由于有额外的装甲保护，我们的飞机很少被敌方的防御火力击毁。我们就像身着铠甲的中世纪骑士，受到良好的保护。1 个中队在 1 次冲锋中通常只会损失一两架飞机。我们直至距离敌人 100 米时才会开火。在这样的距离，我们不可能打偏。我们眼看着 30 毫米炮弹命中目标，使其解体。平均每 3 发炮弹就能摧毁 1 架重型轰炸机。所以 1 个短促的射击就足够了。"

德国飞行员充分利用了转瞬即逝的机会。短短 1 分钟内就有 11 架 B24 解放者被干掉。当天，美军第 2 航空师总共损失了 28 架解放者，大部分都是突击大队所为。哈格纳上尉就击落了其中的 1 架。IV/JG3 自身也损失了 9 架飞机，另有 3 架重创迫降。5 名飞行员阵亡。受此次胜利的鼓舞，OKL 立即决定在 II/JG4 和 II/JG300 的基础上再组建 2 个突击大队。

9 月 27 日，JG4 对美军第 445 轰炸机大队的 37 架解放者轰炸机发起攻击。3 分钟内击落了其中的 28 架。这是美军轰炸机大队在德国上空遭遇到的最惨重的失败。第二天，JG3 趁着护航的野马出现疏忽，一举击落美军 18 架飞行堡垒。10 月 6 日，JG4 和 JG300 又联手干掉了 14 架飞行堡垒。当然，这些战绩是由那些突击大队和普通战斗机部队共同取得的。

尽管这些胜利给美军的某些部队造成重创，但是整体上并没有什么影响。在取得胜利的这 3 天里，美军出动的飞机总数高达 3275 架，总共损失了 81 架，还不到总数的 2.5%。而这已经是德国人走运的日子。只要天气允许，美军的轰炸规模都达到千架级别。通常情况下，损失率不超过 1%。

但是德军的突击大队始终是美军轰炸机需要直面的问题。美国人的对抗措施非常简单，即加派更多的护航战斗机。趁敌人尚未组成紧密队形之前就将其打散。由于复杂的战术安排，德军每次发动攻击都涉及大量的导航和协调工作。再加上 Fw190 过于笨重，燃料消耗较快等因素，一旦德军的攻击部队和护航部队被打散，很难再及时将他们重新组织起来，发动第二轮攻击。所以，只要能打散德国人的编队，那么整个攻击计划就会夭折。

总体上，美军的对抗措施是有效的。1944 年 8 月，在帝国航空队提交的一份报告里，德国人承认，他们在抗击美军空袭的 22 次作战行动中，总共击落了 307 架轰炸机，平均每次击落 14 架。但是为达成此战果，自身也损失了 301 架战斗机。270 名飞行员阵亡。

虽然德军损失惨重，但是仍不能阻止敌方的空袭强度，甚至不能阻止敌人的持续壮大。"尾部撞击型"Fw190和突击大队的献身精神，最多只能延缓德军战斗机部队的失败进程。

哈格纳又参加了7月18日和20日的战斗。每次都能斩获1架敌机。尽管突击大队飞行员都签署誓词，如有必要，将对敌机实施撞击。但是根据哈格纳的回忆，他从未运用撞击战术，也没见身边的人用过："如果我们能够维持编队，直至距离敌人100米的位置，那么就可以用30毫米火炮轻而易举结束战斗。有那么几次，有人发现当他终于抵达射击位置时，武器卡壳，他们就会加大油门，稍微爬升一些，再俯冲撞击。然而我们的武器总体上是很可靠的。所以实施撞击的机会很少。我们也从未接到过详细指示，告知如何有效撞击敌人。当然，我们私下讨论过这个问题。那些实施撞击的飞行员中，大约有半数人成功逃脱且未受重伤。"

对于此种突击战术的危险性，哈格纳在1975年回忆道："现在看来，很容易夸大突击大队飞行员所面临的危险。但是应该记住，当时是战争状态，不存在绝对安全的地方。我们面临的危险并不比一名向敌军发动冲锋的步兵更大。作为突击大队的一员，我深知我们是一个坚强的团队。士气高昂。敌人正在系统地摧毁祖国，我们必须抵抗。我为我是突击大队的一员而深感自豪。如果一切重来，我会做同样的选择。"

希望只能寄托在新式飞机身上了。而鉴于Me262迟迟不能投入空中，当前只能寄希望于小型火箭战斗机Me163。从1944年初开始，德国空军日益相信，在重要目标区域附近部署小型袖珍战斗机是性价比较高的防空手段。这些袖珍战斗机依靠火箭引擎，可以迅速攀升至敌方重型轰炸机的高度，以高速度实施一击脱离的战术。此种袖珍战斗机的第一代产品即为Me163。到1944年7月，I/JG400作为第一支装备Me163的部队宣称具备了作战能力，并前往位于莱比锡附近的作战基地。7月28日，625架美军轰炸机空袭了附近的合成燃料工厂。2架Me163首次升空迎击。他们遭遇了美军第359战斗机大队。该部队指挥官塔康中校在战斗结束后提交的报告中写道："我看到2架飞机俯冲到编队左翼，然后朝轰炸机6点钟方向飞去。我军战斗机立即转向迎击，将敌机与我军轰炸机隔离开来。当距离轰炸机3000码时，敌机舍弃轰炸机，朝我们飞来。他们的转弯半径非常大，但是滚转性能出色。速度在500～600英里之间。2架飞机从我们下方1000码处通过，仍然保持紧密队形。我试图追击。其中1架以45度角持续俯冲。另1架则以陡峭的角度向着太阳的方向爬升。我无法跟上。我回头望向那架俯冲的飞机。它已在5英里之外，高度10000英尺。我方其他飞行员报告说，冲向太阳的那架再次启动了引擎，因为天空中出现了环形烟雾。这些飞行员很有经验，但是并未表现出太多敌意。"

塔康最后的评价明显具有主观色彩。事实上，德国飞行员在爬升过程中，为避免速度过快，会关闭引擎。这不能被理解为缺乏敌意。那些靠近轰炸机的Me163，因为受到护航战斗机的干扰，从而无法完成既定的攻击任务。Me163的首次战斗飞行就这么结束了。双方都无损失。

在阅读了塔康的报告后，第8航空军战斗机部队司令官喀普尼尔少将立即做出指示："我们将很快遇到更多此类战斗机。为阻止敌人对我军轰炸机的威胁，必须更紧密地靠

对洛伊纳合成燃料工厂的空袭
（5 月 12 日至 9 月 28 日）

时间	规模	后果
5 月 12 日	224 架 B17	停产并抢修
5 月 28 日	63 架 B24	抢修受到扰乱，需要推迟恢复时间。
6 月 3 日		生产开始恢复，到月底，产能已恢复至先前的 75%。
7 月 7 日	51 架 B17	生产再次停顿。但是在 11 天内，产能恢复至先前的 51%。
7 月 20 日	155 架 B17	导致 3 天的全面停产。但是随后 5 天里，产能开始恢复至先前的 35%。
7 月 28 日	652 架 B17	重创工厂，停产。
7 月 29 日	569 架 B17	进一步的大面积破坏
8 月 24 日	185 架 B17	在生产恢复前，修复工作遭到破坏。
9 月 11 日	111 架 B17	如上
9 月 13 日	141 架 B17	如上
9 月 28 日	301 架 B17	如上

产能恢复的百分比以 5 月 12 日之前的数据为 100%。

近轰炸机飞行，将敌人与我军轰炸机隔离开来。这将使敌人无法攻击我们的轰炸机。"这个新战术的确有效。迫使 Me163 保持高速飞行，将极大地压缩飞行员瞄准和攻击目标的时间。如果德国飞行员放慢速度，以便更有效的攻击，野马将会来招呼他。

8 月 5 日，JG400 的赫尔穆特·拉尔上尉宣称击落 1 架 B17 轰炸机。这是该部队首个击坠记录。8 月 16 日，美军第 8 航空军出动上千架飞机空袭德国中部地区。5 架 Me163 升空迎战，但未能取得任何战果。还损失了 2 架。1 周后的 8 月 24 日，8 架 Me163 迎击 1 支由 185 架飞行堡垒组成的空中编队。成功击落 4 架。其中舒伯特上士一人独揽了 2 架战果。当然，德军也损失了 2 架 Me163，其中 1 架是被轰炸机的自卫火力击落，另 1 架是在着陆时损毁。这是这种战斗机迄今为止最成功的一天。它的潜力似乎正在显露出来。然而事后看来，这一天是 Me163 整个服役生涯的顶点了。

到 9 月份，已经有大约 100 架 Me163 交付德国空军。然而根据 JG400 于 9 月 24 日提交的报告，该部队只有 19 架 Me163，其中 11 架可以投入战斗。到 10 月 7 日，JG400 已拥有至少 30 架 Me163。很明显，主要的限制性因素不是飞机数量，而是飞行员的数量。而且火箭引擎的可靠性问题并未得到彻底解决。

此外，其他一些不利因素也使得 Me163 的前途蒙上了一层阴影。首先，航程有限的 Me163 在作战时需要地面提供精确的导航服务。但这并非总是能做到。9 月 28 日的战斗中，齐默曼上士宣称："起飞 4 分钟后，我在 10 点钟方向发现了大约 45 架 B17 轰炸机。高度 7700 米。我自己正以 800 公里时速飞行在 9200 米高度。这是一个理想的攻击位置。但是在距离敌机编队后方 1500 米时，我的燃料耗尽，引擎熄火。我以小角度滑翔俯冲至敌机编队最后 1 架飞机的左面，在距离 500 米时开火，但未能看到战果。"齐默曼随即加大俯冲角度，以积累速度，然后再次爬升高度，试图攻击刚才那架飞机。但是关键时刻航炮卡壳，只能悻悻然返回基地。

其次，火箭战斗机在耗尽燃料后，会单独滑翔返回基地。这就带来了问题。大量同时出击的飞机也会大量同时返回。而在短时间内回收这么多飞机势必会增加危险性。所以在9月份，JG400一共5次参战。其中于9月28日的战斗是规模最大的一次，也只出动了9架飞机。

最后，盟军对合成燃料工厂的轰炸不仅大大降低了汽油产量，同时也对德国整个化工工业造成重创。到9月份，Me163的火箭引擎所使用的肼/甲烷燃料供给大幅度下降。而有限的供应必须优先应给V1导弹使用。就这样，这种原本被寄予厚望的战斗机，其所带来的希望正在破灭。

在整个1944年夏季，德国的燃料工业遭到反复轰炸，然后又被反复修复。仅就洛伊纳合成燃料工厂而言，第一次大规模空袭于5月12日开始，有224架飞行堡垒参与。轰炸一度导致停产。在接下来的6个月里，又有11次空袭。这是双方的一场竞赛。一次次被炸毁被迫停产，一次次将其修复。一开始，修复工作进行得较快，而且能够较全面地恢复。但是久而久之，修复效率越来越低。

与4月份17.5万吨航空汽油的产量相比，到8月份已降至1.6万吨。9月份更是只有7000吨。在这个夏天，德国空军基本依靠库存在苦撑。但是消耗远多于补充，坐吃山空终究不是办法。到9月底，库存已从5月份的58万吨降至18万吨。为此必须厉行节约。中型和重型轰炸机的作战行动受到严厉限制。限制侦察飞行次数。只有在"决定性的时刻"，才允许支援陆军。夜间战斗机的出击次数也要削减。只有昼间战斗机部队，被允许保持先前的作战强度。

第三章

喘息与重组

到 1944 年 9 月和 10 月，西线和东线几乎同时安静下来。同盟国军队已经抵达了其补给线所能支持的极限，现在必须停下来休整。这使得德军在经历了夏季惨败之后终于获得了宝贵的喘息时机。战事的暂时缓和也意味着，除了保卫本土的战斗以外，德国空军现在可以将其军事行动降至最低水平。另一方面，由于在夏季空袭中德国燃料工业已遭到重创，盟军现在将其战略空袭重点转向了德国的交通运输系统，以此间接支持盟军的地面军事行动。德国人借此机会抓紧时间修复损坏的炼油厂。10 月份，德国航空汽油产量只有 1.8 万吨。到 11 月份增至 3.9 万吨。产量的增加，加上消耗的减少，使得德国空军可以将燃料的库存量稳定在 18 万吨的规模。

尽管在夏季的战斗中损失惨重，但是经过改组之后的德国航空工业正释放出巨大

的产能。德国空军不仅弥补了先前战斗中所遭受的装备损失，甚至规模更加壮大。仅在 1944 年 9 月，德国空军就接收了 3821 架飞机。数量较 5 月份增加了近三分之一。

根据 9 月份新制造飞机的类别看，在飞机总产量增加的同时，非战斗机的产量被大幅削减。自 5 月份以来，He177，Ju52，Ju290，Ar196，DFS230 和 Go242 已经关闭生产线。在 9 月份，Me410、Ju87、Ju352、He111、Do24 和 Hs129 也都在关闭生产线。除了 Me110 继续作为夜间战斗机保留生产线，并且产量继续增加以外，其余已经过时的飞机都被停产。Ju88 现在也主要作为夜间战斗机继续生产。此时进入量产阶段的新飞机则有 Ar234 和 Ju388。此外，Do335、Fw190D 和 Ta152 都正在准备量产，但是尚未展开。

这样的产品结构也反映出，此时的德国空军正在对自身进行重大改组。曾经作为闪

1944 年 9 月德国空军接收的飞机的类别
（不包括维修后返回前线的飞机）

机型	数量	备注
战斗机		
Me109	1605	包括战术侦察型
Fw190	1391	包括战术侦察型和战斗轰炸机型
Me110	188	夜间战斗机
Me410	40	结束生产
Me163	35	
Me262	91	
He219	28	
Ju88	292	主要作为夜间战斗机和侦察机
轰炸机		
Ju188	74	包括侦察型号
He111	2	结束生产
Ju87	21	结束生产
Ar234	18	
Ju388	3	初期生产型号
运输机		
Ju352	2	结束生产
Fi156	11	
其它飞机		
Hs 129	17	结束生产
Do24	3	结束生产
总计	3821	

系不睦。双方频繁发生冲突。9 月 18 日，在东普鲁士狼穴大本营的会议上，希特勒借盟军刚刚发动的"市场花园"空降行动，指责德国空军作战不力。克莱佩竭力反驳，结果被逐出元首大本营。到 11 月份，他的职务就由科勒将军取代。政治地位的衰落对于德国空军未来的作战行动产生了深远的影响。

轰炸机 / 战斗轰炸机

自诞生之日起，德国空军就是一支以支援陆军为首要任务的战术空军。Ju87 斯图卡轰炸机俯冲时发出的尖啸声，曾经令整个世界战栗不已。而轰炸机部队更是这支空军的核心力量。然而到 1944 年，这支轰炸机部队在经历了一系列失败、发展和削弱之后，终于迎来了无可奈何的大改组。

1944 年 1 月至 5 月，德国空军调集了 524 架轰炸机，多次空袭以伦敦为中心的英格兰南部的港口和城市，以报复英国轰炸机对德国城市的空袭。但是有限的兵力规模和英军较为完备的防御措施，使得德军损失惨重。战果却很有限。4 个月的空袭只炸死了大约 1500 个英国人，却损失了 300 架飞机。这次代号为"野山羊"的空袭战役是德军轰炸机部队在西线战场的最后一次大规模作战行动。另一方面，1944 年夏季，随着 He177 轰炸机的服役，德国空军事实上已经站在了成为一支战略空军的门槛上。截至此时，德国空军总共装备了 9 个大队的 He177，总数约为 270 架，似乎复兴在望。

但由 He177 带来的印象最终被证明，只是昙花一现。虽然此时德国重型轰炸机的规模只相当于英美重型轰炸机部队的十分之一，但已经达到了德国空军的能力极限。主要的限制因素是燃料供应问题。如果每架重型轰

电战象征的轰炸机部队已经被边缘化；战斗机部队的建设拥有绝对优先权。这表明，德国空军正在从攻防一体的空中武装力量转变成一支单纯的防空军。然而对当时的德国空军决策者而言，这只不过是一个暂时的现象。随着喷气时代的到来，德国轰炸机部队仍然对未来充满憧憬。而即便是在眼下，德国空军仍能借助槲寄生轰炸机和 V1 型导弹保持攻击能力。

最后，需要提及的是，尽管正在缓慢恢复中，德国空军的政治地位还是遭到了削弱。原空军参谋长科顿将军死于刺杀希特勒的"720 政变"。接任的克莱佩将军与希特勒关

炸机每月出击 10 次，外加飞行训练所需消耗的燃料数，德国空军重型轰炸机部队每月需消耗 35000 吨高品质航空汽油。而这个数字接近 1944 年 5 月德国航空汽油月产量的五分之一。而这个月正是德国合成燃料产量的顶点。增加战略轰炸机数量就意味着要削减其他飞行活动。1944 年夏天，He177 已经完全适合服役，但是燃料短缺是一个巨大障碍。一个联队级别的中距离飞行行动，需要消耗 480 吨汽油。这个数字约为 1944 年 8 月德国每天的航空汽油产量总和。这就决定了装备 He177 的部队的命运。

1944 年 7 月 20 日，KG1"兴登堡"联队指挥官莱尔森中校集结全联队的力量，总计 80 架飞机，执行轰炸任务。当编队还在空中集结时，1 架飞机引擎起火。飞行员立刻根据条令丢弃炸弹并返航。其余飞机继续执行任务。当天从元首大本营传来的爆炸消息令莱尔森虚惊一场，以为是自己部下丢下的炸弹所致。但是最终证实，这是一起刺杀希特勒的预谋，史称"720 事件"。尽管 KG1 摆脱了与这起事件的干系，但还是在劫难逃。7 月 20 日的空袭是 KG1 的最后一次作战行动。燃料短缺迫使该部队中止行动，并返回德国内地予以解散。

KG1 的解散标志着德国空军建立战略空军努力的失败。由于资源匮乏，早在打造这支空军的初期，这支武装力量就被无可奈何地定位为一支战术支援力量。现在，一切并没有回到原点，而是继续萎缩。自 KG1 解散起，德国空军轰炸机部队进入了大改组的阶段。1944 年 8 月，OKL 宣布，除 KG1 以外，到 1945 年初将再裁减 2 个轰炸机联队，从而使规模缩减至 6 个联队。当前各联队的主战装备包括 Ju88、Ju188、He111、Do217 和 He177。其中所有装备 He177 和 Do217 的联队都将被解散，或者至少暂时停止执行任务。这 2 种飞机都被认为在未来战场上缺乏使用价值。其中，源自 Do17 的 Do217 被认为动力不足，技术陈旧。包括可以携带 Hs293 空对舰导弹的 Do217，必须在 10 月底之前退役。至少有 135 架 Do217 被遗弃在丹麦和挪威的

▲ 尽管被踢出了轰炸机部队，Do217 仍作为夜间侦察机服役到了战争结束。

▲ 由 Ju88 发展而来的 Ju388，最初作为重型高空战斗机开发，计划与 Ta152 构成轻重搭配，共同对抗美军 B29 型轰炸机，后来向多用途方向发展。

机场。其中许多飞机的引擎被拆卸下来，以便回收利用。至于新式的 He177，除了引擎不可靠以外，性能也不够理想。原因在于当年乌德特领导下的空军技术部门过分迷信俯冲轰炸的效能，从而坚持要求这种重型轰炸机具备俯冲轰炸能力，使得 He177 结构超重，影响到飞机性能。自 KG1 被解散后，同样装备 He177 重型轰炸机的 KG100 将暂时退居二线，不予分配任务，但是也不会解散。此外，Fw200 远程海上侦察机也不再需要。只有 Ju88 和 Ju188 将继续服役。但是即便是它们，日子也不会太多了。Ju88 预计将在 1944 年秋天停产。到 1944 年底，所有 Ju88 和 Ju188 都将被 Ju388 取代。

OKL 原本希望先以 Me262 首先装备 2 个轰炸机联队。其中 KG51 已经着手进行。而从法国撤回的 KG54 也从 1944 年 9 月起接收 Me262。然后从 1944 年 12 月起，KG40 作为第三个装备 Me262 的部队，将紧随其后。但是随着 Ar234 进入量产，Me262 将逐渐淡出其"闪电轰炸机"的角色。当前首批换装 Me262 的 KG51 注定将是短暂的。预计到 1945 年底，该联队下属的所有已经换装

Me262 的单位都将被解散。他们的位置将让给 KG76，但只涉及 II/KG76 和 III/KG76 两个大队。最迟到 1945 年 3 月底，作为战斗轰炸机使用的 Me262 将只装备 KG54 的 2 个大队，以取代该部队当前正在使用的 Ju88。届时，装备 Ar234 的 KG76 将成为"闪电轰炸机"的中坚力量。当前的 Ar234 仍然只是双引擎轰炸机。预计到 1945 年 3 月，装备 4 台 BMW003 引擎的 Ar234C 型轰炸机将首先加入 III/KG76。

此外，作为战斗轰炸机使用的 Do335 在 OKL 的计划中也占有重要地位。自从 5 月 13 日 II/ZG26 遭到野马屠杀之后，重型战斗机部队全面退出昼间空战。剩下的 3 个大队，即 I/ZG26、IV/ZG26 和 II/ZG76 中，I/ZG26 和 II/ZG76 作为战斗轰炸机继续使用。而 IV/ZG26 被留在了遥远的挪威。鉴于 Me410 的生产已经终止，这些部队现有的补充只能来自于维修单位。预计此情形将维持到 1945 年 2 月。届时，德国空军将重新以 Do335 装备至少 8 个战斗轰炸机大队，包括 I/ZG26、II/ZG76、III/KG3 和 KG2 麾下的 4 个大队。换装起始时间应不晚于 1944 年 10 月，首先从 III/KG3 开

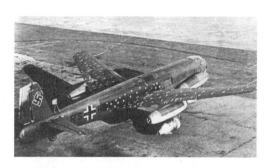

▲ 除了独特的前掠翼以外，Ju287 身上的其它部件几乎都是从其它型号的飞机上挪过来的。4 台 Jumo004 引擎挂载在机翼和机身下方，清晰可见。总共只制造了 3 架原型机，其中未能完成的第二和第三架原型机被苏联红军缴获，战后运往苏联接受测试，也许可以将其看做是 Su47 "金雕" 的遥远祖先。

始。预计全部装备计划将在 1945 年底完成。前提是 Do335 必须在实战中压倒英国的蚊式战斗轰炸机。此外，从 1945 年 8 月到 12 月间，还将以 Ju388 装备 2 个战斗轰炸机大队。即便如此，将 Do335 和 Ju388 作为战斗轰炸机使用，仅仅是一种过渡性安排。未来将以喷气式飞机取而代之。

尽管整个换装计划雄心勃勃，然而考虑到目前困难的局势，敌方空袭造成的工业生产延误和运输困难，换装计划无疑需要付出巨大的努力。而且，毫无疑问，许多 Ar234、Me262、Ju388 和 Do335 将不得不首先用作训练目的。因此第一个 Do335 大队很可能要等到 1945 年 7 月才能完成战斗准备。而 LG1（第 1 训练联队）的 2 个大队将接收 Ju388，以取代当前的 Ju88A-4。

德国空军真正寄予期望的下一代轰炸机是 Ju287，一种前卫的前掠翼喷气式轰炸机。预计到 1945 年底，至少有 2 个大队的 Ju287 做好战斗准备。届时，被取代的 Do335 将转交 KG2 继续使用。届时，该联队下属的 4 个大队将全部装备 Do335。而 KG76 的 2 个大队，连同其他 12 个大队将换装 Ar234。时间

因素极为关键。如果 Do335 不能按时服役，IV/KG3 将从 1944 年 10 月开始逐步解散。而 KG2 将于 1945 年初予以解散。同样将在 1945 年初被解散的还有 KG27。

另一方面，KG6 预计将从 1945 年 2 月开始，以 Ju388 取代当前的 Ju88。即便如此，该部队暂时也只打算保留到 1945 年 12 月底。而 KG26 将会保留其全部 3 个大队。它们将在 1944 年 12 月到 1945 年 5 月内，全体换装 Ju388M-1 型，用于空射鱼雷，从事反舰作战，以取代当前的 Ju88A-17s 和 Ju188A-3 型。另一个擅长反舰攻击的 KG30 将在 1945 年底解散。I/KG66 作为德国空军唯一的 "探路者" 部队，将予以保留。该部队预计将于 1945 年 8 月开始，换装 Ju388K-1 型。

至于 He111，OKL 对其态度暧昧。当前，即便是最新式的 He111H 型也已经面临停产。部队目前唯一的供给渠道是经过返修回到前线的飞机。III/KG3 每月接收 10 架这样的飞机，用于空射 V1 导弹。即便如此，III/KG3 也将不迟于 1945 年 3 月予以解释。同样命运也落到了 KG4 头上。该部队第 1 和第 3 大队都装备 He111，计划将在 1945 年 4 月到 6 月间解散。而 KG55 将于 1945 年 11 月解散。作为最后的测试单位，装备 He111 的 TGr30（第 30 测试大队）将保留到 1945 年夏季。但是尚未决定其未来命运。

至于是否将在东线战场继续使用 He111 轰炸机的问题，OKL 仍然举棋不定，因为这涉及保持空运能力的问题。由于缺乏燃料和可供更新的机种，德国空军的运输机难以获得更新。Ju52 仍然是德国空运主力。但是装备 He111 的部队也越来越多地参与到东线的运输任务当中，包括 IV/TG1 和 TGr20。它们都肩负着向东线战场上被包围的部队空投

补给品的重任。为了维持必要的空运能力，德国空军暂时还离不开 He111。需要指出的是，德国空军中其他一些暂时无用的大型飞机也参与到此项任务当中。例如，IV/TG4 的装备序列中就包括 Fw200、Ju290、Ju252 和 Ju352。

最后，值得一提的是，高度神秘的 KG200 联队也进行了改组。其麾下第 1 大队继续执行向敌后渗透和破坏的任务；第 2 大队则装备槲寄生轰炸机；第 3 大队装备 Fw190，并训练空射鱼雷和其他反舰武器，从事反舰作战；第 4 大队继续执行训练任务。在接下来的时间里，KG200 仗着它和情报部门和党卫军的密切关系，把自己置于空军总司令部直辖之下，并且能够获得其它部队无法得到的资源。

尽管随着 He177 的退役，德国空军暂时放弃了他们唯一的战略轰炸机。但是借助独特的槲寄生轰炸机，德国空军的空袭能力事实上在某种程度上反而得到了提升。普通德国轰炸机的载弹量最大不超过 2.5 吨。而作为

▲ 重达 2.5 吨的 SB5000 型炸弹，是德国空军中最重的普通炸弹。但是到 1944 年秋天，随着轰炸机部队的解体，这些炸弹至少暂时失去了用武之地。

槲寄生炸弹的 Ju88 可以携带 1 个重达 4 吨的炸弹。虽然还比不上英国兰开斯特轰炸机所携带的 5.5 吨重的"高脚柜"炸弹，但也已经相当可观。作为炸弹的 Ju88 轰炸机下坠速度无法与普通炸弹相比，故而虽然炸弹重量可观，但是对于坚固目标的穿透性欠佳，仅能造成目标表面的毁伤（日本的神风敢死队也有类似问题）。为此，德国空军还专门为其配备了空心装药聚能爆破弹头。此种弹头已经在东线战场上经受住了考验，但是如此巨大的弹头仍是首次出现。

以此作为技术基础，德国人制定了依靠槲寄生轰炸机实施远程空袭的计划。其中最富野心的设想就是空袭英国斯卡帕湾。1944 年春天，当槲寄生轰炸机正式服役时，德国空军即意识到，这种昂贵的装备非常适合攻击停泊在锚地中的敌方战舰。为此，德国空军初步筛选出 3 个目标：直布罗陀、列宁格勒和斯卡帕湾。

其中直布罗陀首先被排除掉。这里距离德国空军在法国最近的空军基地，也有 1300 公里，单引擎战斗机不可能独自返回。他们要么在西班牙领土上降落，要么只能在海上迫降，等待救援。而且穿过西班牙领空的作

OKL对侦察机部队的打算

由于德国空军的侦察机大多由现役的轰炸机和战斗机改装而来，这里一并介绍一下侦察机部队。到 1944 年 8 月底，德国空军仍有 21 个远程侦察机中队使用 Ju88 和 Ju188，还有 3 个中队装备 Me410，此外还包括 9 个夜间侦察大队。每个大队各有 3 个中队。另有 2 个海上侦察中队和 2 个装备 Me109 的侦察中队。所有侦察单位中，预计将有 29 个中队予以保留，其中 3 个中队将装备 Ar234，14 个装备 Do335。10 个装备 Ju388。Ju388 将取代当前夜间侦察单位中的 Do217 和 Ju188。OKL 直辖的 8 个负责天气预报的中队将继续使用 Ju88。还有 1 个 OKL 直辖的侦察单位装备的是 He177，也将予以保留。但是未来可能会以 Ju635（即 Do335 双体版）或者 Hü211（即 He219 发展型）予以取代。

战行动，无疑侵犯了西班牙的中立地位，将会引起政治上的麻烦。所以整个计划被希特勒否决。对列宁格勒的空袭计划也被取消。理由是，槲寄生必须长时间飞越苏军占领区上空，很难达成突袭的企图。而且苏联波罗的海舰队的行动并不积极，算不上是一个很大的威胁。

剩下的就只有英国在苏格兰斯卡帕湾的海军基地了。这里是英国本土舰队的主要锚地。如果攻击时机把握准确，将可以取得重大战果。而且斯卡帕湾距离德国空军占据的丹麦格罗弗机场的直线距离只有800公里，距离挪威的斯塔万格机场更是只有不到700公里，完全处于槲寄生的作战半径以内。然而德国人也预计："斯卡帕湾将拥有强大的防空火力。究竟有多强无从得知。因为我军的无线电监听无法覆盖威尔士以北的地区。然而情报部门估计，在苏格兰总共有160～200架喷火、飓风、蚊式和英俊战士战斗机。此外，在海岸方向还部署了一系列雷达站。"如果行动希望成功，突然性是关键。因为只能实施一次攻击，必须造成最大限度地破坏。至少需要40架槲寄生参战。而且距离因素已经排除了派遣护航战斗机的可能。槲寄生轰炸机必须单刀赴会。据认为，黄昏时分是发动攻击的理想时机。机群必须以低空穿越北海，以躲避雷达探测。在接近目标是爬升到900米高度，然后释放Ju88机体，令其向目标冲去。

这样的攻击必须有精确的情报支持和准确的导航。需要预先向目标区域派遣侦察机。考虑到敌方强大的防空火力。槲寄生不可能在目标上空反复盘旋，再寻找目标进行攻击。每一名飞行员必须事先确定其攻击目标，以及如果目标消失时所要攻击的备选目标。并

▲ 安装在 Ju88 机体前端外形独特的 3.5 吨重的空心装药聚能爆破弹头，令人望而生畏。

得到必要的航空照片。为了支持导航，需要在部队前方派遣先导飞机，沿着预订航线向海中投放一连串的浮动的无线电信号发生器。

当然，攻击的有效性还必须取决于届时英国舰队停泊在锚地。事实上，英国舰队频繁进出这里。在1944年6月至7月间，皇家海军的航空母舰胜利号、不饶号、不倦号、怨仇号、可畏号和暴怒号都出现在这里。此外还包括战列舰约克公爵号和豪号。如此诱人的目标使得德国空军最终决定，在1944年11月的某个合适的时机空袭斯卡帕湾。但是就在行动展开的前夕，情况突变。11月11日，英国皇家空军的兰开斯特轰炸机空袭了停泊在挪威的德国战列舰提尔皮茨号，导致该舰最终倾覆。这艘战列舰是德国海军仅存的重型水面战舰。如今，随着该舰的完蛋，英国海军已无必要继续在欧洲水域屯驻重兵。很快，皇家海军的主力舰队被派往远东，加入新组建的英国太平洋舰队，用于对日作战。德国侦察机很快就发现，斯卡帕湾的锚地已经空空如也，再没有什么值得攻击的军舰了。准备多时的槲寄生空袭最终只能取消。就这样，槲寄生轰炸机错过了一次大显身手的机会。他们下一次的大规模作战行动，要等到1945年了。

总的来说，在 1944 年的这个秋天，德国空军的轰炸机部队表现并不活跃。他们正忙于改组，并努力适应刚刚装备部队的喷气式轰炸机。同时，消极的表现也符合尽量压缩燃料消耗的意图。但是，在 V1 和 V2 导弹的帮助下，德军仍然保持着强大的空袭能力。

导弹空袭

1944 年 6 月 13 日凌晨 3 点钟，在法国北部的埃斯丹（Hesdin），1 枚 V1 导弹被德国空军第 155 高射炮团的官兵们装上发射架。此刻，燃料加注完毕，各系统检查正常。待一切准备就绪，所有人员撤离发射架，躲入掩体。3 点 50 分，指挥官下达发射命令。一旦启动，一股压缩空气会把 75 号辛烷值的燃料注入导弹的脉冲喷气引擎内，然后将其点燃。引擎的尾部喷射出耀眼的火光。从点火到达到起飞推力需费时 7 秒钟。在此期间，导弹下方的助推器也会被点燃。助推器内存放有俗称的"T 燃料"和"Z 燃料"，即过氧化氢和高锰酸钾。压缩空气将两者同时推入燃烧室，两种物质一旦遭遇，立即发生剧烈的化学反应，并释放出巨大的能量。自点火启动之后 7 秒钟，导弹的引擎输出能量将达到规定值。此时即可切断导弹尾部 1 根直径 6 毫米的钢针，导弹随即沿着发射轨道向前冲去。轨道的长度约为 50 米，当导弹抵达轨道尽头时，已加速至 400 公里时速，足以冲天而去。这就是 V1 导弹首次实战发射时的场景。

发射后的最初 3 分钟里，导弹以小角度爬高，并且继续加速。然后弹载自动驾驶仪接管飞行控制，并继续爬升到预设的 900 米巡航高度。由于 V1 基本上只能沿着直线飞行，所以发射前必须瞄准预订目标。德国人为其选择的瞄准中心点是著名的伦敦塔桥。当它穿过海峡，进入英国领空后，其独特的脉冲喷气引擎所发出类似摩托引擎的声音，很快就会被英军地面观察人员发现所察觉。

导弹的头部安装有 1 个由风力驱动的叶轮，在飞行过程中会自动旋转。而旋转着的叶轮又被连接到 1 台计数器上，以此精确控制飞行距离。当计数器达到设定值时，即可发出电子信号，将弹体上的升降舵和方向舵锁定在原始位置。同时，弹体尾部的扰流板会被抛出，以促使尾部翘起，令弹体以大角度俯冲。这样的姿态将使得脉冲喷气引擎无法汲取油箱中残余的燃料，所以引擎很快也会熄火。导弹就这样安静地撞向地面，并引爆所携带的 850 公斤重的高爆炸药。最终，这枚导弹在距离目标点 24 公里处落地，没有造成人员伤亡。

在这个清晨，德国人总共发射了 10 枚 V1 导弹。其中 3 枚坠落在开阔地带，未造成人员伤亡，但是第 4 枚导弹导致 6 人死亡，9 人受伤。剩下的 6 枚以发射失败告终。它们甚至未能抵达英国海岸。这就是 V1 导弹的战斗开端。

官方编号为 Fieseler103 的 V1 导弹，其发展历史可以追溯到战争初期。首次发射试验是在 1942 年。到 1943 年 7 月，试验飞行距离已达 250 公里，而且落点位于目标半径 800 米以内。军方立即认为，导弹已经成熟，并立即着手量产。德国人计划在法国北部建造发射设施，空袭伦敦和其他英国城市。为此成立了第 155 高射炮团。从 1943 年秋天开始，该部队在波罗的海展开相关训练。与此同时，托特组织下属的 40000 名劳工全力建造 64 个发射阵地和 32 个后备发射阵地。全部在法国北部地区。原计划从 1943 年 12 月开始实施轰炸任务。但是导弹量产工作不顺利,计划被迫延期 6 个月。

与此同时,德国人建造发射阵地的工作当然不可能瞒过盟军。尽管对于细节不得而知,但是其用途无可怀疑。盟军的中型轰炸机对这些设施展开了一连串的空袭。修复损坏的设施又进一步放慢了计划的进度。为了抵御空袭,德国工程师设计了一种简易发射阵地。只要精心伪装,就不易从空中发现。但是盟军对法国和比利时的铁路系统的空袭还是削弱了德国人的准备工作。

到 1944 年 5 月底,V1 的量产已经开始。其他支援工作也已经接近完成。在空袭英国的"野山羊"行动终止之后,德国人计划在几周之内,依靠 V1 导弹,恢复对伦敦和其他英国城市的空袭。但是 6 月 6 日盟军在诺曼底的登陆行动使得计划大大提前。

德军指挥部认为诺曼底登陆只是一次牵制性登陆。更大规模的登陆将在加莱地区展开。这里部署了大量的 V1 导弹发射阵地。考虑到一旦盟军在此登陆,已经构筑的发射阵地势必陷于敌手,所以以第 155 高炮团接到命令,最迟于 12 日对伦敦发射导弹。如此短促的准备时间给导弹发射部队造成很大压力。但是该部还是竭尽所能,完成任务。他们在极短的时间内,在 64 个构筑好的发射阵地中,挑选了 55 个,安装了发射装置。然而,盟国空军对法国境内的铁路网实施了广泛的空袭,物资运输工作严重受阻。按计划,第一批发射的导弹应达到 64 枚,但由于缺乏燃料,且部分导弹未能准备就绪,最终只发射了 10 枚。其中只有 4 枚飞过了海峡,落到了英国的土地上。这个结果与德国人对其寄予的期望相差甚远。在随后于东普鲁士"狼穴"召开的会议上,希特勒对此结果深表失望,并一度下令取消进一步生产和发射 V1 导弹的计划,

以减少资源的浪费。但是随后新闻秘书送来了来自英国媒体发表的夸大其词的报道。于是希特勒的情绪又高涨起来,随即取消了刚才的命令,同时下令发动进一步的大规模攻击。换句话说,是这些英国媒体挽救了 V1 导弹。

于是,在首次发射之后,德国人又花了 3 天时间巩固准备工作。6 月 16 日凌晨,大规模导弹空袭正式开始。当天总共发射了 244 枚导弹。但是其中 45 枚发射失败。只有 153 枚成功穿越海峡,抵达英国。

在此后的 16 天里,第 155 高射炮团总共发射了 2442 枚 V1 导弹。平均每天 153 枚。其中约有三分之一未能抵达英国。只有三分之一击中伦敦及其周边地区。还有三分之一被击落或掉落在英国南部广阔的区域内。最成功的一次是在 18 日,1 枚导弹命中了威灵顿军营。当时有大量的人聚集在这里做礼拜。高爆弹头造成 121 人死亡。

盟军希望利用其空中优势摧毁 V1 的发射基地。但是由于德国人的精心伪装,空袭造成的破坏非常有限。从 6 月 12 日到 7 月 1 日,只有 2 个发射阵地被彻底摧毁。18 个阵地在空袭后又被修复。德军的人员伤亡也不严重。只有 28 人被炸死,80 人受伤。

空袭最大的成效还在于扰乱了德军的地面运输系统,向前线运送导弹的速度跟不上部队的发射速度。发射部队经常必须等待多时才能;领到需发射的导弹。按照条令,德军在 2 次导弹发射的时间间隔应至少达到 26 分钟,但实际上,由于弹药不足,平均发射间隔时间长达 1 小时以上。

整个 7 月份,V1 的袭击从未中断。而到 8 月 2 日,迎来了发射高潮。德军在 24 小时内从 36 个发射阵地总共发射了 316 枚导弹。

其中有 107 枚落到伦敦地区。也是在这次攻击中，1 枚导弹命中了伦敦塔桥，可谓正中靶心。整个战争中，这种事情仅此一次。

虽然 V1 给英国造成了一些物质损失，但是对于法国的战局于事无补。随着盟军的推进，德军开始放弃那些离战线日益临近的发射阵地。同时开始在东面距离更远的地方构筑新的发射阵地。8 月 25 日，蒙哥马利麾下的英军第 21 集团军群渡过塞纳河，快速向北推进。当地的导弹发射阵地一个接一个落入盟军手中。第 155 高射炮团被迫向东撤退。9 月 1 日凌晨 4 点，最后一枚 V1 飞出，从法国北部发射的 V1 至此结束。在 2 个多月的时间里，德国人总共从这里发射了 8617 枚导弹。

但这并不意味着 V1 的战斗已经结束。从 7 月 9 日开始，III/KG3 开始以其 He111 轰炸机携带空射型 V1 投入实战。这支部队驻扎在荷兰，主要利用恶劣天气的掩护发射导弹。

V1 本身的重量就超过 2 吨，再加上燃料。1 枚导弹总重大约 2.5 吨。He111 可以在机腹下挂载 1 枚，但仍然严重限制了飞机性能。发射导弹时，载机以 280 公里的巡航速度飞行，以小角度爬升到 600 米的安全高度。然后改为平飞，并继续加速到 360 公里的时速。此时，令导弹引擎点火。点火后 10 秒钟，导弹被投放。由于点火时明亮的火光会暴露载机，所以这是最危险的时刻。一旦导弹被投放，它会首先以自由落体的方式下降 100 米，直至自动驾驶仪开始工作。然后导弹重新爬升到预先设定的巡航高度。与此同时，载机高速转向脱离，以尽快远离这个显眼的目标，避免被敌人发现。空射 V1 的行动贯穿了整个秋天和冬天。即便在丧失了荷兰的基地以后，III/KG3 仍从德国北部的基地起飞，在北海上空发射导弹。

与第 155 高射炮团所遇到的困难一样，III/KG3 无法维持导弹发射的密度。有大约三分之一到一半的导弹未能飞抵目标。剩下的当中，也有许多被战斗机和高射炮击落。9 月 16 日的行动是一次典型。当天，北海上空云层很厚，云高很低。天黑后，15 架 He111 以间隔 5 分钟的方式依次起飞。它们最终成功地发射了 9 枚导弹，但是其中 3 枚在到达英国海岸前已被战斗机和军舰上的高射炮击毁。进入英国领空后，又有 2 枚被战斗机击毁。剩下的 4 枚导弹中，还有 2 枚掉在了旷野当中，只有 2 枚最终落到了伦敦地区。当然，所有载机全部安然返航。

也是在 1944 年秋天，OKL 决定扩充其空射导弹部队。III/KG3 被改编为 I/KG53。该联队第 2 和第 3 大队也将加入到空射 V1 的队伍中来。到 11 月份，新加入的 2 个大队已具备作战能力。但是油料短缺限制了作战规模。截至 1945 年 1 月 10 日，KG53 联队仍有 79 架飞机可用。但是燃料危机最终迫使空射 V1 的行动于 1 月 14 日全面终止。截至此时，共有 77 架飞机在行动中损失。但其中只有 16 架毁于敌方夜间战斗机之手。剩下的大多是因为在夜间低空飞行过程中造成的事故。

自 6 月份发动导弹空袭以来，伦敦始终是首要目标。为保卫首都，英军被迫调集大量的战斗机和高射炮。此外，英国皇家空军花费巨大的力气试图捕捉德国的导弹载机。蚊式战斗机不仅每晚要攻击德军的机场，还会在导弹发射空域巡逻。据英国方面宣称，其防空系统对 V1 导弹的拦截成功率为 46%。其中高射炮占据了 17%；战斗机拦截了 24%。连防空阻塞气球也拦下了 5%。

德军正确认识到，如果能够扩大攻击范围，无疑将迫使英军分散防御兵力。所以其他城市也被纳入空袭目标。截至9月初，III/KG3总共向伦敦发射了300枚导弹；向南安普顿发射了90枚；向格罗斯特发射了20枚。由于在空中发射导弹时，与所瞄准的目标处于相对位移状态，以当时的技术水准而言，只能导致导弹的准确性恶化。而且攻击距离更远的目标，也就意味着在更长距离的飞行过程中，累积的导航误差会越来越大，而留给敌方战斗机进行拦截的时间也越来越长。德军向南安普敦和格洛斯特的攻击完全失败。没有一枚导弹命中格洛斯特。对南安普敦的攻击也不成功。导弹全都落到了目标南面，以至于英军情报部门认为这是对朴次茅斯的不成功的攻击。

针对其他城市的空袭往往是零星的。只是在12月24日，德军进行了唯一一次针对伦敦以外目标的大规模空袭。50架He111在北海上空发射了导弹，攻击曼彻斯特。但只有11枚落到了曼彻斯特周边地区。只有1枚命中城里。共计37人死亡，67人受伤。这次战斗行动的主要后果是迫使英军重新部署防御力量，扩大防御范围。

基于同样的技术理由，德军在战争末期开发的改进型的V1导弹更不成功。这种导弹通过加大燃料携带量，并减轻弹头炸药的重量，使导弹的飞行距离增至360公里，以赶上V2导弹的射程。这样就可以从位于荷兰的地面发射阵地发射了。新导弹的攻击浪潮始于1945年3月初，到月底就结束了。总共发射了275枚。而且此时英军已经积累了丰富的经验。最终只有13枚落到了目标区域。

除了空袭英国以外，从1944年10月21日开始，德军利用V1袭击比利时的安特卫普港。这是盟军在西欧地区最主要的装卸港口，对于后勤供应有着极端重要的意义。仅仅在1944年的最后3个月里，德军对这座港口发射了740枚V1和924枚V2。轰炸一直持续到1945年的3月。

到战争结束时，V1的发射总量刚好超过10000枚。其中85%是从地面发射。这其中，7488枚飞到了英国。但是有3957枚被英军击落。剩下的3531枚导弹中，有2419枚导弹伦敦地区。30枚到达了南安普敦，1枚导弹了曼彻斯特。也就是说只有大约四分之一的导弹达到目标区。空射导弹中，这个比例甚至只有十分之一。英国总共有6184人死亡，17891人受伤。

假如德军能够发动更大规模的导弹空袭，以1次50枚导弹以上的规模实施火力齐射，那么势必使英军的防御系统濒临饱和，从而将会有更多的导弹穿透防御圈，造成更大的损失。然而弹药不足使得德军只能零星发射导弹，令英军能够较为容易地应对这种威胁。对德军而言，V1导弹的真正价值在于牵制了大量的英军兵力。为了防御V1导弹，英军调集了2800门高射炮、3000个阻塞气球和大量战斗机。此外，皇家空军在法国投掷的炸弹中，至少有四分之一的炸弹是瞄准这些导弹发射阵地的。

基于技术原因，像V1这样的早期巡航导弹不够精确，只能攻击城市这样的大面积目标。他们能对敌方造成较大的生命和财产损失，进而打乱日常生活和生产工作。对战争末期的英国老百姓而言，他们对于V1导弹的空袭已经习以为常。只要还能听到那熟悉的引擎声音，就表明危险尚未临近。一旦声音消失，就意味着你还有10秒钟时间寻找掩蔽体。总的来说，英国的老百姓更多的是将它看作是一种生活烦恼，而不是一种威胁。V1导弹的真正的价值在于，迫使盟军为摧毁它们而大量分散资源。

最后，需要说明的是，从 1944 年从 9 月 8 日开始，德军利用位于荷兰海牙的基地向伦敦发射 V2 导弹。这种导弹由德国陆军开发并使用，故在此不予详细介绍。总体上，从当天起，直至 1945 年 3 月 27 日，德军总共向伦敦发射了 1054 枚 V2。其中有 517 枚飞抵目标，造成大约 2700 人死亡。与 V1 相比，V2 导弹的优点在于发射条件较为宽松。发射时只需要一小块空旷的平地即可。所有发射设备都被设计成可移动式。发射前只需很少的准备时间。这些因素使得 V2 导弹无须建造专用发射阵地。也正因为如此，V2 导弹对于战局发展的影响甚至比 V1 导弹更小。与 V1 一样，V2 导弹只能用于轰炸城市，而不能直接攻击任何军事目标，所以缺乏直接的军事价值。而与 V1 不同的是，弹道导弹不像巡航导弹那样易于防御，发射阵地又更加隐蔽，其所发挥的牵制性作用也就更小。

战斗机部队

早在 1944 年 7 月 1 日，在 1 次由戈林主持的军方与军备生产部门的联席会议上，德国空军提出了他们的短期目标，希望在未来数月内实现如下目标：战斗机月产量 3800 架，包括 500 架 Me262；战斗轰炸机的月产量为 400；夜间战斗机月初 500 架。如此夸张的要求不可能在短期内得到满足。但它的确反映了德国空军军备建设重心的转变，即装备重点向战斗机倾斜。到 1944 年 9 月，至少这次会议的精神已经得到了充分贯彻。9 月份新交付的飞机中，有五分之四都是 Me109 和 Fw190 战斗机，以及 91 架 Me262 和 35 架 Me163。此外还有 500 架 Me110 和 Ju88。它们全部作为夜间战斗机使用。事实上，为了

集中力量生产战斗机，除了 Ar234 和 Ju388 以外的所有非战斗机生产几乎全部终止。

与轰炸机相比，小型的单引擎活塞战斗机、喷气式战斗机和火箭战斗机都显得价格低廉，且更容易生产。其中最为突出的无疑是 Me163。以其所需的材料和费用计算，平均每生产一架 Fw190D-9 型或者 Me109K 系列战斗机所需的资源，大约可以生产 10 架这样的小型火箭战斗机。到 1944 年 11 月，JG400 的机群已经超过了 70 架。其中，作为主力的 I/JG400 拥有 63 架。第二大队尚处于组建阶段，只有 8 架。只是由于燃料短缺，外加一系列技术困难，令其暂时难以展开大规模行动。

单引擎活塞战斗机和喷气式战斗机的效益比较则不相伯仲。前者只需 1 台活塞式引擎即可驱动 1 架飞机，明显比双引擎的轰炸机更便宜；而后者虽然需要 2 台 Jumo004 引擎，但是与活塞式航空引擎相比，涡轮喷气引擎在成本和制造工时方面都有着无可比拟的优势。Jumo004 引擎单价只有 10000 马克。而 Fw190 所使用的 BMW801 空冷引擎的单价高达 40000 马克，即便新式的 Fw190D 型所换装的 Jumo213 型液冷引擎，也需要至少 35000 马克。在制造工时方面，Jumo004 引擎包括制造、组装和运输在内，总共只需要 375 个工时；相比之下，BMW801 空冷引擎需要 1400 个工时。但是涡轮喷气引擎有限的工作寿命，无疑会抵消它在制造成本方面的优势。更何况全面转产喷气引擎要大量的时间和准备工作，所以短期内全面换装喷气式飞机并不现实。

综合所有因素，对于 1944 年秋天的德军战斗机部队而言，Me109 和 Fw190 这对黄金组合仍然支撑着场面。只是为了应付战局的演变，它们各自都必须继续挖掘潜力。

前者已经进化到了 Me109K-4；后者则是 Fw190D-9。再加上 Me262 这个新贵，它们共同构成了德国空军战斗机部队当前的支柱。

首先是 Me262。9月份，当希特勒得知 Ar234 即将作为轰炸机服役后，他终于勉强取消了将 Me262 作为战斗轰炸机使用的命令。这种飞机现在可以名正言顺地正式加入战斗机部队。而 Me262 的空战生涯早已开始。自7月份开始，拥有超过 250 个击坠记录的超级王牌诺沃特尼少校接任 262 指挥部的指挥官。部队的训练和扩充都在缓慢进行。到8月份，已经拥有 15 架战斗机。但是引擎可靠性的问题仍然困扰着部队。其寿命一般只有 25 小时。有些引擎的寿命甚至只有 10 小时。这使得能够升空作战的飞机数量很少能超过 4 架。尽管如此，该部队还是宣称，在8月份，他们击落了 4 架美军高空侦察机。

1944 年8月，Jumo004 引擎的平均使用寿命提升到了 25 小时。虽然这仍然是1个很低的数值，但终于可以冻结设计，进入量产。这使得在 1944 年9月，交付给部队的飞机数突然增至 91 架，是8月份交付数量的4倍。截至9月30日，诺沃特尼的部队已经拥有 23 架飞机，具有大队级规模，并宣称做好了战斗准备。4天后，该部队转场至德国西北部临近前线的地区。该部队的首要任务是在战斗中与敌方护航战斗机交战，迫使后者丢弃副油箱。如此即可剥夺重型轰炸机的护航兵力，并将其交给己方其他战斗机部队对付。

盟军战斗机飞行员很快就发现了喷气式飞机的弱点。在起飞和降落阶段，Me262 速度较低，且 Jumo004 引擎不能快速响应。这正是活塞式战斗机对其发动攻击的理想时刻。而且，尽管是双引擎飞机，Me262 并不能单靠1台引擎保持低速飞行状态。只要有1具

引擎被击中失灵，飞机就会坠毁。所以盟军飞行员所要做的，就是在 Me262 驻扎的机场上空，等待机会。恰好，要想找到 Me262 的机场并不困难。当时的德国空军的机场跑道普遍以柏油沥青为材料。但是喷气引擎很容易令其着火。所以装备喷气式飞机的机场必须使用水泥材质的跑道。通过空中侦察，盟军不难分辨这两种跑道，从而知道应该去哪里找到 Me262。

此外，一些技术问题仍然困扰着 Me262。引擎维护仍然难以改观。许多飞机只能趴在地面上等待维修，更换配件。喷气式飞机的起降速度较装备活塞式引擎的飞机更快，而用合成橡胶制造的轮胎难以适应这种在跑道上的高速滑行，经常出现爆胎现象，引发事故。此外，飞机装备的 30 毫米航炮，可靠性也不足，在高过载飞行状态下经常卡壳。

在整个9月份，盟军对德军机场的攻击造成 7 架 Me262 被击毁，9 架被击伤。此外，还有 6 架 Me262 在空战中损失。而整个诺沃特尼大队的战果包括 4 架美军重型轰炸机，12 架战斗机和 3 架侦察机。由此可见，Me262 并未占到多少便宜。

10月7日，诺沃特尼派遣了 5 架飞机升空作战，拦截美军轰炸机。这时迄今为止最大的出动规模。然而来自美军 361 战斗机大队的德雷上尉早就在机场上空等待多时，当天发现 Me262 开始起飞时，他的野马立即俯冲而下，一举击落 2 架 Me262。还有 1 架 Me262 在战斗中损失。战果仅限于击落 3 架敌方轰炸机。11月8日，诺沃特尼本人也在战斗中阵亡。当时，战斗机总监加兰德将军正在该部队调研，想搞明白为什么战果不理想。加兰德意识到，诺沃特尼被赋予了无法完成的任务。尽管他已竭尽全力，但是所获

寥寥。Me262 是一种全新的飞机，许多飞行员并未能很好地完成转换训练。飞机的维护情况也不理想。部队基地距离前线过近，而敌人拥有绝对的数量优势，所以频繁遇袭。诺沃特尼死后，加兰德命令将部队撤回后方，重新训练飞行员，并对飞机做进一步的改进。

很明显，Me262 的质量仍然不稳定，而且数量也不充足。尽管希特勒已经点头，但这仅仅意味着现在 Me262 可以同时作为战斗机和轰炸机服役。只有当足够的 Ar234 投入使用之后，Me262 才会被替换下来，完全作为战斗机使用。

鉴于换装工作不顺利，德国空军暂时仍必须仰仗活塞式引擎战斗机。而只有最好的活塞式引擎战斗机才能获准继续生产。这就是 Me109K 型和 Fw190D 系列。而为了保障生产，整个德国航空工业也在进行改组。自 1943 年开始，德国的航空工业始终是英美战略空袭的重要目标。仅仅在 1944 年的夏天，同盟国就对德国航空工业投掷了大约 18500 吨炸弹。作为对抗措施，德国人对其生产设施做了广泛的疏散。原先分布在帝国范围内的 27 家大型飞机工厂，现在被分散成了 729

家中小型企业。其中许多都是家庭作坊式的小工厂。它们分布在德国、奥地利、捷克和匈牙利境内，以免再遭到集中轰炸。这种分散化的工业布局还有一个连带的好处。至少驻扎在帝国本土的空军部队，现在有望就近获得某些后勤支持。

Me109K 的开发始于 1943 年末，是为了满足帝国保卫战的需求而设计的。德国人计划为其装备 DB605L 型引擎。它拥有 1 个二级增压器，即便是在 9000 米高度仍能保持满负荷动力。K 型拥有一系列亚改进型。RLM 原计划将 K-2 型作为第一种量产型号，但是在 1944 年夏天，梅塞施密特公司推出的 Me109K-4 型令军方更加满意。K-2 型的生产计划随即被取消，由 K-4 型取而代之。于是 K-4 型成为 K 系列中第一个实现量产的型号。但是 DB605L 未能及时准备就绪，德国人只能使用性能稍差的型号。

Me109K-4 长 9.01 米，拥有 1 个 9.92 米的翼展。大多安装 DB605DCM 型引擎。其螺旋桨拥有 1 个电启动开关。由于增强了冷却系统，以延迟引擎过热现象发生，这样尽可能延长引擎高功率运转的时间，从而获得更快的速度。Me109K-4 型的时速较 Me109G 型超出 35 公里。武备方面，K-4 型拥有 1 门 MK108 型航炮，备弹 65 发。此外还有 2 门 MK131 型 13 毫米航炮，每门备弹 300 发。

由于盟军空袭造成的广泛破坏，Me109K-4 型的生产遭遇一系列困难。但是该型机还是于 1944 年 9 月在雷根斯堡进入量产。到 10 月份，III/JG27 成为装备新式的 K-4 型机首个实战单位。随后，IV/JG27、III/JG4 和 III/JG77 都陆续开始装备这种新飞机。飞行员对这种飞机总体满意，但是普遍要求为其添加增压座舱。但是 RLM 以此举过于昂贵为由

▲ 抵御空袭并不意味着一定要把生产设施搬入地下，那样的话挖掘土方的工程量会过于巨大，难以实现。德国人充分利用了手头资源。这是战后美军从一处被改造成工厂的铁路桥洞里缴获的 Fw190 的部件。

加以否决。

到 1944 年底，K-4 型的总产量达到了 857 架，其中 11 月份生产了 221 架，12 月份生产了 325 架。为达到如此高的产量，必须大量使用外籍劳工、战俘、集中营囚徒等强制劳动力。由此带来了许多非战斗损失。截至 1944 年底，大约 80 架 K-4 型机在交付和测试过程中因蓄意破坏事件而被毁坏，约占总产量的 10%。

毫无疑问，德国航空工业在战争末期的产量激增，是以大量使用外籍劳工和奴隶劳工来实现的。这虽然可行，但是也带来许多问题。这些心怀不满的异己分子随时准备消极怠工，甚至搞破坏。而一旦被发现，惩罚措施极为严厉。1 位阿拉多公司的试飞员回忆说："破坏飞机的方法多种多样。有时候我们会在电气接线盒里发现碎金属屑，又或者在油箱里发现沙子。有两三次，崭新的 Fw190 在首次升空试飞时就发生起落架脱落事件。有一次，我向军方交付飞机。飞行过程中引擎突然起火。我跳伞逃生，飞机摔进了一片沼泽地里。那里的水迅速扑灭了火焰。当我们检查残骸时，发现有人堵住了 2 个气缸之间火焰排烟口，导致引擎过热。每一次出这种事，盖世太保就会大肆出动。但此类破坏事件从未断绝。"而这类破坏活动中最具传奇色彩的，则是一群法国技术工人成功地帮助英国特种部队盗取了 1 架接近完整的 He177 轰炸机。

根据 OKL 的安排，作为 Me109 的忠实用户，JG3、JG4、JG5、JG6、JG11、JG26、JG27、JG51、JG52、JG53、JG54 和 JG77，都将把手头的 Me109G 型机进行升级换装，首先将较旧的 G-6 汰换成较新的 G-10 或者 G-14 型。如果有条件，就直接换装 K 型。

其余的部队则装备 Fw190 的最新型号，即 D 型。与 Fw190A 相比，Fw190D 型机使用的是 Jumo213 型液冷引擎。操纵性更好；速度更快；爬升性能更好，还能在不损失速度的前提下快速转弯。这种飞机可以在空中抗衡美军的野马和英军的喷火 IX 型，当然，它也优于绝大多数苏联战斗机。其优异的俯冲性能使其可以轻易摆脱雅克 3 型和雅克 9 型战斗机的追踪。

根据计划，JG1 将把他们的 Fw190A-8 和 Me109G-10 换装成新的 Fw190A-9。其他装备 Fw190A-8 单位都在向 A-9 和 D-9 型过渡。而 JG2 则被要求全面换装 Fw190D-9。另一个例外是 JG26。该部队被选中，从 1945 年初开始，该联队下辖的 3 个大队将装备 Fw190D-12 型。这是 Fw190 系列中唯一可以发射鱼雷的型号。

作为全天候作战单位的 JG300 和 JG301，受到特别考虑。JG300 装备的是 Fw190A-8 和 Me109G-6，预计将向 Fw190D-9 型过渡。而 III/JG301 将直接换装 Ta152。这是 Fw190 的终极版本。拥有和 Fw190D 型同样的液冷引擎，但是却配备了翼展更长的机翼。首批 Ta152 已经于 1944 年 10 月完成，总数 3 架。11 月制造了 12 架，12 月制造了 19 架。但是这些预生产型尚处于测试阶段，还不能投入一线。

随着潮水般的飞机涌向部队，在诺曼底和帝国上空遭到重创的 15 个战斗机联队现在全都得以重建。昼间战斗机部队的飞机数量从 9 月初的 1900 架增至 11 月中旬的 3300 架，提升了近 70%。与此同时，德军飞行员人数也在爆炸式增长。自 1941 年 6 月巴巴罗萨战役开始直至 1944 年 6 月诺曼底战役爆发，德国空军的飞行员人数始终稳定在 3.1 万人的规模。而在 1944 年的夏天，新补充的人数使飞行员总数大大增加。到 1944 年 11 月，总人数已达到 4.4 万人。鉴于这期间轰炸机部队处于解体状态，新补充的飞行员绝大多数加入了战斗机部队。

以此为本钱，德军战斗机总监加兰德将军计划针对美军重型轰炸机发动一次大规模空中作战。按照加兰德的设想，当美军重型轰炸机编队来袭时，帝国航空队将首先出动2000 架单引擎昼间战斗机升空迎战。考虑到东线、西线，以及训练方面的需求，这个数字恐怕是帝国航空队所能出动的极限了。毫无疑问，在这 2000 架战斗机中，许多战斗机在战斗结束后，就在附近机场就近着陆并补充燃料和弹药，以便待美军机群返航时再次予以打击。如此可增加飞机的使用效率。预计将有至少 500 架飞机参与这种重复打击的行动。此外，驻扎西线的第 3 航空队将另外支援 150 架飞机参战。还将有 100 架夜间战斗机也将参加行动。他们将在白天作战，负责摧毁那些已经身受重伤，正独自飞行的敌军飞机。加兰德希望这次大规模作战能够一次性摧毁敌方 400 ~ 500 架轰炸机。当然，他也预计，此次作战德国空军将损失 400 架战斗机和 100 ~ 150 名飞行员。

为实施此次行动，加兰德做了精心准备。他承认，尽管德军战斗机部队的人员和装备数量充足，但是质量堪忧。新补充的飞行员的来源较为复杂，既有航校中初出茅庐的菜鸟，也有那些来自解散了的轰炸机部队的老兵。他们都需要接受进一步的训练。由于缺乏有经验的中下级军官，无法及时组建新的部队，那些准备参加作战的部队被大量扩编。这使得德军战斗机部队装备的飞机和人数达到了正常标准的 2 倍。西线的每一个战斗机大队，其下辖的中队数由原先的 3 个变成 4 个。

每个中队装备 10 ~ 15 架飞机。再加上大队指挥部的扩充，现在 1 个大队的飞机总量甚至能达到 70 架的规模。而有限的汽油供应迫使德国人只能实施针对性训练。截至 11 月 12 日，战斗机部队已经准备就绪。德军的 18 个战斗机联队总共装备了 3700 架飞机。这是德国战斗机部队从未达到过的实力水平。现在的问题是等待合适的天气，好天气是大规模空中作战的关键。

然而需要指出的是，加兰德的计划的前提在于，必须把那些仍然奋战在一线的部队撤下来，休整补充，然后才能与敌人决一死战。为此，加兰德命令将 JG1、JG4、JG7、JG11、JG16、JG17 和 JG76 撤离一线。这些部队目前处于重建和休整补充的过程中，暂时不能作战。这意味着那些继续留在前线的 JG3、JG300 和 JG301 将承受更大的压力。当然，他们还可以得到隶属于西线指挥部的 JG2、JG26、JG27、JG53 四个联队的支援。但是无论如何，单薄的兵力使德国空军在当前的战斗中处境恶劣。而正是这一点最终令整个计划流产。

秋天的喘息令德国空军的战斗机部队再一次强大起来。这令盟国空军大为吃惊。他们当然不会坐视不理。11 月 2 日，美军第 8 航空军出动了超过 1000 架重型轰炸机。它们在 873 架护航战斗机的掩护下，深入德国领空，轰炸莱比锡周边的炼油厂和铁路枢纽。德国空军出动了 10 个大队总计 490 架战斗机迎战。

德军的出击兵力中包括 2 个突击大队。其中，IV/JG3 成功穿越野马战斗机的封锁线，对美军第 91 轰炸机大队展开了成功攻击，总共击落 13 架飞行堡垒，包括 2 架以撞击战术取得的战果。尽管 JG4 主力尚在修整，但是作为突击大队的 II/JG4 仍然参加了当天的战斗。他们的目标是第 475 轰炸机大队,一举击落 9 架美军重型轰炸机。但是为取得以上战果,出击的 61 架战斗机中,被美军击落 31 架。17 名飞行员阵亡,7 人受伤。

当天,JG400 也出动了 5 架 Me163。但是换来的确是惨败。有 1 架在起飞时坠落。剩下的 4 架子进入攻击位置之前就与敌方护航战斗机遭遇。3 架被击落。该联队当天总共损失了 4 架飞机。3 名飞行员阵亡,却未能取得任何战果。

当天参战部队中,损失最为惨重的是 JG27。该联队现在隶属于由第 3 航空队改编而来的空军西线指挥部,是首批换装 Me109K 型机的部队。但是换装新机型并未能带来好运。旗下的 4 个大队当天悉数出击。尽管声称击落 7 架美军轰炸机,但是自身的损失非常巨大。确切的飞机损失数字已无从得知,但该联队至少有 27 名飞行员阵亡或失踪,另有 11 人受伤。这个数字对于 1 个战斗机联队来说,堪称损失惨重。

总体而言,当天德国空军总共损失了 120 架战斗机。有 70 名飞行员阵亡,28 人受伤。尽管德国战斗机部队声称他们击落了 50 架敌方轰炸机,另有 30 架毁于高射炮火。但是当天美军的全部损失只有 40 架轰炸机和 16 架护航战斗机,约占出击轰炸机总数的 3.6% 和出击战斗机总数的 1.8%。尽管损失率偏高,但是美军完全有能力弥补这样的损失,而对德国空军来说,这样的损失是无法接受的。

11 月 2 日的战斗是德国空军有史以来上午最惨重的一天,但是这样的日子在这个月里还有 3 次。11 月 21 日,德军有 62 名飞行员遭遇伤亡。26 日战斗伤亡数是 87 人。27 日的数字是 51 人。在这 1 个月里,总共有

348 名飞行员阵亡、受伤、失踪或者被俘。已经升任 JG300 指挥官的原 IV/JG3 大队长达尔中校承认:"这个月是我在整个战争中所经历的最艰难的 1 个月。我军与敌人的数量对比经常达到 20 比 1,有时候甚至达到 30 比 1。每天我们都遭受着伤亡。那些新补充进来的菜鸟也没有接受足够的训练。而且我们越来越频繁地感受到燃料短缺带来的影响。"

德国空军现在不仅面对着严重的物质和人员损失,还必须承受一系列失败带来的战略影响。11 月 6 日,在东普鲁士希特勒的"狼穴"里召开的军事会议上,4 天前空战的战斗结果被拿到会议桌上讨论。自夏天的"720 事件"之后,新任空军参谋长克莱佩将军与希特勒关系欠佳,直到现在还被禁止出席大本营的军事会议。所以空军只能派出在最高统帅部参谋机关供职的克里斯蒂安将军及其副官,代表空军出席会议。

自夏天以来,希特勒对于德国空军在诺曼底战役中的表现就非常不满,甚至一度打算解散战斗机部队,以将节省下来的资源用于加强地面防空力量,只是由于一系列不可克服的困难才使他最终放弃了这个疯狂的念头。现在,战斗机部队的严重损失再次刺激了希特勒的神经。他坚持认为,按照目前的损失比率,更大规模的空战将招致更加严重的损失。因此他拒绝批准加兰德正在策划的大规模空中拦截作战。相反,为了尽可能物尽其用,现在希特勒对于手头的飞机有了新的想法,即让它们参加即将到来的阿登反击战。

阿登反击战

与空军一样,尽管德国陆军在夏季的战斗中惨遭重创,但它在秋天的喘息中又艰难

地恢复过来。到 11 月，希特勒已决定，凑齐 1 支包括 7 个装甲师在内的 20 万大军，在西线的阿登山区发动反攻。这里是美军战线中防守相对薄弱的环节。德军希望从此处切入盟军防线，一直打到比利时安特卫普港，从而将西线盟军的战线一分两半。今时今日，希特勒已不可能指望再一次令他的敌人上演敦刻尔克式的溃败。阿登攻势的根本目的在于为德国争取战略缓冲的时间和空间，以便等待新式的喷气式战斗机和电动潜艇大批服役。按照希特勒的设想，一旦喷气式战斗机大量投入使用，即可重获制空权；而新式的 XXI 型电动潜艇，将最终切断盟军的大西洋运输线。果能如此，则第三帝国必能转危为安。

德国空军将在阿登战役中承担四项任务。首先，在陆军发动进攻的当天清晨，空军将全力空袭敌方的机场，一举夺取制空权。其次，为发动攻势的陆军撑起一个防空保护伞，阻止盟国空军的空袭。第三，为陆军提供近距离空中支援。最后，执行小规模空降任务，向敌战线后方投放少量伞兵，夺取交通枢纽，延缓敌人的增援速度。

然而自秋天以来，随着德国空军越来越向一支本土防空力量转变，它已经不再适合执行此类为陆军提供近距离支援的作战任务。由于轰炸机部队的衰竭，到阿登战役打响时，德国空军只剩下极为有限的轰炸机部队可供调用，即 I/KG51 和 III/KG76。前者装备 Me262；后者则使用新锐的 Ar234。

在 1944 年的整个秋天，I/KG51 作为唯一奋战在一线的喷气式战斗轰炸机单位，一直利用 Me262 对盟军在西欧的机场和部队实施袭扰式轰炸。与战斗机部队的 Me262 相比，配给 I/KG51 的 Me262 表现相对良好。作为轰炸机的 Me262，很少遇到空战的问题，所以航炮易卡壳的问题并不突出。更重要的是，KG51 的飞行员在操作引擎时无须像战斗机飞行员那么粗暴，所以该部队的引擎问题相对缓和，故障较少，引擎寿命也更长。至少有一部分引擎达到了说明书上所宣称的 40 小时。尽管如此，由于 Me262 本身的数量限制，该大队的战斗力始终有限。

而 Ar234 则是另一个问题。对于德国空军而言，法国的战斗已经证明了 Ar234 作为侦察机的巨大价值。这种飞机所具备的速度和高度优势使其可以完全无视敌方战斗机，而实施侦察行动。德国人上一次获得这种优势还是在 1942 年。所以在 1944 年秋天，Ar234 正式服役。

早期的 Ar234 原型机，因其细长的上单翼布局，使得起落架无法收纳于机翼内。而如果收藏在机身内，则影响炸弹舱布局。不得已才使用了滑车起飞和滑橇着陆的方式。虽然滑车与滑橇的组合还算便利，但是飞机着陆后无法自行离开跑道，而必须等待地勤人员将其架在滑车上才能脱离。如此复杂的操作程序至少需要 20 分钟才能完成。在已经丧失了制空权的 1944 年，这意味着降落之后的 Ar234 极有可能遭到敌人空袭。因此，阿拉多公司的设计人员，在机身的中间部分增加了 1 个盒型纵梁，从而令此段机身的横截面从原来的圆形变成方形。多出的空间不仅可以用于收放起落架，还顺带扩大了前部和后部的油箱容积。由此诞生了较为成熟的 Ar234B 型，也就是德国空军正式采用的型号。

第一批次的 Ar234B 型机仍然作为侦察机服役。第一个 Ar234B 侦察中队驻扎在莱茵地区，对荷兰，比利时、法国和英国实施侦察行动。第二个 Ar234B 侦察中队在意大利战场执行类似任务。

▲ 装上了起落架的 Ar234B 型,看上去顺眼多了。

作为轰炸机使用的 Ar234B 型机紧随其后。驻扎马格德堡的 III/KG76 成为第一支换装的轰炸机部队。许多飞行员先前已在雷希林试飞基地接受了新飞机的培训,现在成为种子教官。地勤人员也参观了飞机生产线,以获得第一手经验。由于许多轰炸机单位被解散,III/KG76 可以从容地挑选合适的飞行员。成功执行 620 此作战任务,拥有橡叶十字勋章的巴彻中校成为该部队指挥官。他麾下的各个中队指挥官也都是拥有出击上百次任务的橡叶十字勋章获得者。就是最差者也拥有出击 10 次以上的记录。

然而无论如何,Ar234 都算是一种全新的飞机。即便是那些经验丰富的老鸟们,也需要至少 4 个月的时间来熟悉新装备。更何况,这种飞机本身还不够成熟。对其技术细节的改进一直在持续进行中。到 12 月中旬,部队已获得 16 架飞机。但大部分时间里这些飞机还只能停在地面上。尽管希特勒一再催促,Ar234 不可能如期赶上阿登反攻日期。部队唯一能做的就是,先将已经具备作战能力的飞行员集中到 9/KG76,以期早日形成战斗力。到 12 月 19 日,该中队宣布已拥有作战能力,并立即转场至明斯特—哈登道夫,参加已经开始的阿登反击战。但由于天气原因,直至 12 月 24 日,9/KG76 才首次参战。

既然轰炸机部队如此不济,OKL 就只能指望战斗机部队了。好在后者现在正处于数量上的巅峰状态。这原本是加兰德为计划中的大规模空中作战准备的。但是希特勒最终取消了这个计划。阿兰德在其回忆录中写道:"11 月中旬,我接到警告。被保存下来的战斗机部队将被派往前线,支援陆军作战。这简直不可思议。11 月 20 日,下达了向西线转场的命令。我提出了抗议,但是无济于事。直到此时,我也未接到关于即将到来的战役的详细内容。直到攻击日前几天,我才得到整个计划。直到此时,我才意识到,最高统帅部有着与预定的大反攻完全不同的想法。"

加兰德和其他一些同僚很快就向他们的上级统帅机关提出警告,那些为大反攻而重新装备起来的战斗机部队将无法适应接下来的战斗环境。这些部队的人员、装备、技术和训练都是为了参与防空作战而优化的,现在却要被投入到他们不熟悉的任务当中。仅以部队的规模论,许多大队的飞机数量已经扩充到 70 架。前线的小型野战机场根本无法容纳这些部队。更何况,这些机场缺乏内地大型机场所拥有的优越环境和必要的设施。而且那些接受突击培训的飞行员,对于将要执行的对地攻击任务毫无准备,也很难在短期内适应这种转变。但是这些理智的警告无人听取。

与诺曼底战役时的情景一样,除了 JG300 和 JG301 这 2 个全天候联队以外,帝国航空队所有的昼间战斗机部队都奉命参加阿登反击战。通过这种拆东墙补西墙的做法,德国空军最终为这场战役集结了 2460 架飞机,包括 1770 架单引擎战斗机、140 架双引擎战斗机、55 架轰炸机、40 架喷气式飞机、390 架战斗轰炸机和 65 架侦察机。自秋天以来德国合成燃料工业已经有所恢复，再加上先前的节约措施，使得德国空军可以为此次作战提供充足的燃料保障。为达成进攻的突然性，在向西线前沿机场的转场过程中，德军飞机奉命保持低空飞行和无线电静默。与此同时，它们原住地的无线电通讯保持原状，以迷惑敌人。这一招的确瞒过了盟军。

根据最初的计划，在陆军发动攻势当天的黎明时分，德国空军将同步发动代号为"底板"的空袭行动，摧毁战役区域内的盟军飞机场。到12月中旬，所有预定参加"底板"行动的14个战斗机大队和战斗轰炸机大队的指挥官全部前往位于阿尔滕基兴的第2战斗机军指挥部。在那里，轰炸机部队出身的迪特里希·佩尔茨少将向这些大队长们仔细解释了计划。空袭当天，德军将出动超过1000架飞机，对盟军位于荷兰、比利时和法国的16个机场同时展开空袭。一旦各大队指挥部接到发送给他们密语"底板"，就意味着空袭将在第二天黎明进行。各部队必须在此之前做好一切准备工作。

在轰炸机部队正在大量解散和改组的时期，由一位轰炸机指挥官向战斗机部队布置和下达任务。而像战斗机总监加兰德这样的职业战斗机军官却受到冷遇和排挤。这并非加兰德个人的问题，而是反映了此时德国空军内部的权力结构，及其背后的偏见。当那些战斗机部队的官兵们发现，尽管自己已经竭尽全力，浴血奋战，并且蒙受惨重的伤亡，但还是得不到高层的信任和认可，以至于要派一位轰炸机部队出身的军官来领导他们作战，不难想象他们此时的内心感受。由此迟早会引发一场危机。

2天后的12月16日黎明，当德国陆军终于打响阿登反击战时，"底板"密语却没有向各部队进行传达。所有预定参加行动的飞机只能停在机场上待命。原因在于，德军的气象预报正确预见到，战区上空出现低气压，不利于飞行活动。这对于德军来说无异于天赐良机。由于空军实力居于劣势，如果天气状况阻碍了交战双方的飞行活动，当然对德军有利。

尽管天气不佳，空投伞兵的行动仍必须执行，但并不顺利。由于参加行动的伞兵未能按时抵达机场，空降作战不得不推迟24小时。16日晚，来自II/TG3的68架运输机载着870伞兵飞向了敌方控制区上空。由于飞行员缺乏恶劣天气条件下的盲飞经验，中间状况百出。1架运输机在起飞时坠毁。另有10架因各种原因导致损失。许多飞机把伞兵投得到处都是，根本未能投放在预定区域。还有些飞机干脆带着伞兵返航。而在预定的伞兵着陆区域上空，风速高达50公里。这是最大安全标准限度的2倍。一些伞兵在着陆时受伤。他们要么在寒风中被冻死，要么等着被俘虏。最终，伞兵部队司令海德特上校只找到了四分之一的人员，而且没有任何重型武器。而且此时战役已经打响，他们丧失了一切突然性优势。战区内到处都是穿梭来往的美军，根本不可能再夺取任何交通枢纽。这支深入敌后的孤军，现在只能从事一些袭扰行动。

17日，尽管能见度依然不良，德国空军战斗轰炸机部队还是出动了600架次。在当天一系列的空战中，德军损失了79名飞行员。其中55人阵亡，24人受伤。当天天黑后，德军轰炸机和夜间战斗机部队又对盟军发动了300架次的夜间空袭行动。在随后的6天里，天气再次恶化，阻止了交战双方的飞行活动。与此同时，德军地面部队也失去了其最初的攻击势头。到 12 月 20 日，前进的最远的部队也只推进了大约 70 公里。所有部队都被盟军所阻。也是在这天。海德特的伞兵开始分散突围，返回己方防线。但是只有极少数幸运儿得以成功。德军伞兵部队在这场战争中的最后一次空降作战行动就这么灰溜溜地收场了。

圣诞节前一天，战场上空的天气开始好转。德国空军再次活跃起来，包括来自 KG51 的 Me262 都投入了战斗。不过当天的明星是装备 Ar234 的 9/KG76。这是该机型作为轰炸机首次参战。当天，9 架 Ar234 各携带 1 枚 500 公斤重炸弹，从明斯特附近的机场起飞，空袭比利时的列日地区的工厂和铁路车站。整个行动非常顺利。飞机在起飞之后，必须首先维持低空飞行，直至远离机场之后才能爬升到 4000 米高度。此举是为了避免暴露机场位置，招致敌军的空袭。由于对于自身的性能极有自信，Ar234 根本没有携带任何自卫武器，而且德军飞机排列成非常松散的线型队列飞向目标，根本无须像美军轰炸机那样，组成严密的空中编队。Ar234 从 4000 米高度接近目标，到达目标区域上空时下降到 2000 米高度，以一个很小的俯冲坡度冲向地面投掷炸弹。至少 5 枚炸弹命中目标。地面防空炮火微弱。但是根据飞行员观察，目标并未受到严重损伤，仍处于运转状态。整个过程中德国飞行员注意到了附近有盟军的喷火和雷电战斗机，但是未遇到截击。显然盟军飞行员还不认识这种新式轰炸机。返航着落时，1 架飞机起落架和机翼损坏，但飞行员未受伤。当天下午，8 架尚可参战的 Ar234 再次出击，再次空袭同一目标。除 1 架飞机投弹失败不得不带弹返航以外，一切顺利。全部飞机安然返回。也是在 12 月 24 日，又有 6 架 Ar234

从后方基地赶来。部队进一步壮大。

尽管对于喷气式轰炸机无可奈何，但是德军那些活塞式飞机部队都在这天遭遇了重创。11 个德军野战机场遭遇盟军空袭，损失惨重。在空战中，又有 85 名飞行员阵亡，21 人受伤。

圣诞节当天，赶来增援的美军继续对德军施加强大压力。在空中，空战战场从阿登上空一直延伸到整个德国西部。对德国空军而言，这个圣诞节过得一点儿也不轻松。当天，德军总共有 62 名飞行员伤亡。接下来的几天里，形势也没有多少缓和。由于盟军已经从最初的打击中恢复过来，战场形势再次对德军不利。只有 Me262 和 Ar234 仍有较大的机会，自由出入战场。唯一的限制性因素是天气状况。

12 月 25 日上午，8 架 Ar234 空袭了列日南郊的工厂和马斯河附近的铁路枢纽。投弹高度从 2000 ~ 5000 米不等。6 枚炸弹落在铁路设施上。至少 1 枚炸弹落入工厂区域。这一次，盟军终于识别出这种新式轰炸机。Ar234 首次遭到大约 6 架盟军雷电式战斗机的拦截。1 架 Ar234 不得不在荷兰境内的德军占领区紧急迫降。另 1 架飞机则坚持依靠 1 台引擎返回了基地。空中侦察表明，轰炸并未瘫痪铁路设施。当天下午，8 架 Ar234 再次轰炸列日。机群以背朝太阳的方式轰炸了目标。投弹高度 5000 ~ 1500 米。有 7 枚炸弹落在目标区域。但是德军轰炸机遭到了盟军强烈的高射炮火和喷火战斗机拦截。虽然德军全身而退，但是轰炸效果仍不理想。除了敌方防御兵力的干扰以外，Ar234 在实施小角度俯冲轰炸时，即使在携带 1 枚炸弹的情况下，飞机时速仍可达到 900 公里。德军飞行员尚不熟悉这种新的高速轰炸模式。

正如 Ar234 所遭遇的那样，为了对抗这些性能超群的喷气式轰炸机，盟军只能发挥己方战斗机在数量上的优势，在战区内广泛部署兵力，在各个飞行高度都要保持不间断的空中巡逻。一旦发现德军喷气式轰炸机，争取以俯冲攻击的方式将其击落。但是实战效果同样不佳。德军轰炸机并没有因此遭到多少损失。当然，他们的空袭效果也很有限，几乎对战局不产生影响。他们真正的价值在于，这些作战行动牵制了大批盟军战斗机力量，以此间接支援了己方陆军和空军部队。

现在，自阿登战役打响已有2周时间。大多数人都已经遗忘了那个"底板"行动。许多人想当然地以为，就像先前的许多计划一样，这个行动也已经胎死腹中。所以当12月31日下午，各部队终于接到了行动代号之后，人们都极为惊讶。这意味着，第二天早上，"底板"行动将正式实施。

当晚，预定参加行动的德军飞行员都接到了行动简报。各部队都仔细研究了分配给他们的航线、中途的转向点、和最终目标。为了避免被敌方雷达探测到，所有攻击部队必须在树梢高度飞行，严格保持无线电静默，即便在被迫跳伞或者迫降时也不能使用无线电。然后，1944年的最后一个晚上，飞行员们被命令早早上床休息，为第二天的任务养精蓄锐。之所以安排在新年的第一天实施底板行动，首先是由于天气预报认为当天目标区域的天气情况理想。而且，德军相信，当他们空袭时，那些前一天晚上庆祝新年的盟军飞行员尚未醒来，这是最理想的发动空袭的时机。

1945年1月1日凌晨。作为空袭第一波次的4架Ar234轰炸机首先出发。它们需沿着鹿特丹、安特卫普、布鲁塞尔和列日飞行一大圈，为随后的大规模空袭提供天气预报。

而且，为了防止敌人通过雷达发现他们，并引起怀疑，这些飞机还必须在列日上空投掷炸弹。

早上5点整，德军飞行员被叫醒，吃早饭，接受最后的战情简报，然后穿上飞行服，坐进驾驶舱。9点整，各部队开始起飞，朝指定的集合空域飞去。尽管空袭的规模已不如事先计划的那么大，但是仍有900架飞机参与行动。这支主要由Me109和Fw190组成的部队，仍是一支可观的打击力量。

正如计划的那样，德军的确达成了奇袭的目的。最成功的袭击行动是在荷兰境内的埃因得霍芬机场。I/JG3、II/JG3和IV/JG3负责袭击这个机场。其中I/JG3和II/JG3都装备的是Me109。IV/JG3则是著名的Fw190突击大队。这3个大队总共出动了72架飞机，排列成18个整齐的四机编队。当他们抵达目标上空时，只发现盟军的战斗机整齐地排列在地面上，没有任何防备。

驻扎该机场的是加拿大空军第438和第439中队，装备台风式战斗轰炸机。德军战机以机炮扫射地面上的台风。加拿大人事后承认，德军的机炮扫射非常成功。在几分钟之内，这2个台风中队即被摧毁。类似的事情也发生在布鲁塞尔等地的盟军机场。当然，并不是所有机场上空的空袭都是成功的。许多参加行动的部队甚至未能找到目标，并引发了严重混乱。对安特卫普周边几个机场的空袭即完全失败。

II/JG11的弗雷德上尉的回忆："由于雾气的影响，我们的起飞时间晚点。这对于计划的成功大有损害。最终，整个大队完成空中编队，然后在2架Ju188轰炸机的引领下，飞向目标。在途中，我没有注意到，是否有我军飞机被我方或是敌方高射炮火击落。但是当接近目标时,我的确听到无线电里有人被高射炮击中。当接近目标时,我们首先爬升高度,扫视一眼机场,然后再开火。我的俯冲角度太陡,所以无法攻击机场东面的雷电,只好先射击西北角方向的5架双引擎飞机。然后再做1个180度转弯,去攻击东面的雷电。这时我发现有子弹从身边飞过,然后我就惊讶地发现,我的身后有2架雷电。他们正在向我射击,但是瞄准技术很差。我立即向左急转弯。那2架雷电放弃了攻击,朝西面飞去。这时我发现机场附近再没有其它敌方飞机。与此同时,机场上空冒起了一些黑烟。很明显是来自地面上正在燃烧的飞机。我穿过这些黑烟,朝南边飞去。"

最终,盟军有144架飞机被完全摧毁。另有62架受创并报废。这样的损失虽然严重,但是远非致命。而且只有极少数盟军飞行员在空袭中丧生。而对于德国空军而言,他们的人员损失却是灾难性的。更可悲的是,大量的损失是由德军自己的高射炮部队造成的。后者已经很长时间没能见识到己方航空兵的大规模出动了。所以当德军飞机返航时,面对如此阵仗的德军高射炮部队理所当然地将他们视为敌机。扑面而来的高射炮火造成了大量伤亡。精确的飞机损失数字已经无从得知,但是据估计,大约有300架飞机未能返航,约占出击总数的三分之一。人员损失更是惨重。237名飞行员阵亡、失踪或被俘。18人受伤。损失的飞行员中包括3名联队长,6名大队长和11名中队长。这些骨干军官都是经验丰富的老鸟,他们的损失是无法弥补的。加兰德的警告得到了验证。战斗机部队此前根本没有接受执行此类任务的训练,无法承担他们不熟悉的任务。

"底板"行动严重削弱了德国昼间战斗机部队。它再也未能恢复过来。

|第四章|

迈入 1945 年

1944 年 12 月，当阿登地区尚处于激战状态时，RLM 和 OKL 已不得不对即将到来的 1945 年有所考虑。在过去 6 个月的战斗中，德国武装部队损兵折将，元气大伤。仅就德国空军而言，其兵力规模已经从半年前的 280 万人缩减至当前的 230 万人，包括 1 支总数 20 万人的伞兵部队和 80 万人的高射炮部队。

航空兵团的规模和结构大体维持不变，只是自 1944 年 5 月以来，德国空军第 14 航空军和东南方向指挥部都已被撤销，其兵力编入其余各航空队。

德国空军的人员分配状况
（1944 年 12 月 15 日统计）

部门	人数
空勤、地勤和行政部门	596250
高射炮部队	816200
信号部队	305000
补给部队	109100
医疗部队	42500
建筑工程单位	9100
民事防御部门	63250
伞兵部队	200000
其余人员	163000
总计	2304400

德国空军可出动飞机总数
（1945 年 1 月 10 日统计）

航空队	帝国航空队	第1航空队	第2航空队	第3航空队	第4航空队	第5航空队	第6航空队	总计
单引擎战斗机	254	90		770	78	82	123	1397
双引擎战斗机						35		35
夜间战斗机	723					9	76	808
轰炸机	32			196	56		10	294
反舰轰炸机						83		83
战斗轰炸机		35		101	199		278	613
夜间袭扰飞机		26	14	84	101	30	47	302
战略侦察机			13	5	38	45	88	189
战术侦察机	23	22	23	49	67	6	143	333
运输机		42		99	49	52	27	269
KG200	206							206
总计	1238	215	50	1304	588	342	792	4529

统计结果显示，与 1944 年 5 月相比，1945 年 1 月德国空军可出动飞机总数稍有攀升。然而在过去 7 个月中，德国空军的兵力构成已经发生了显著变化。轰炸机部队已经基本解散。当前轰炸机总数只有区区 300 架。而且到 1 月底，随着负责空射 V1 导弹的 KG53 被解散，这个数字还会下降。与此同时，昼间战斗机部队和夜间战斗机部队的实力都有所提升。而最大的问题还在于，所有部队都已感受到燃料危机。除昼间战斗机部队以外，其余部队的作战行动已经受到严重影响。

帝国航空队

部队		机型	总数	可出动数
昼间战斗机				
JG300	指挥部	Fw190	6	4
	第1大队	Me109	57	37
	第2大队	Fw190	41	28
	第3大队	Me109	44	38
	第4大队	Me109	53	39
JG301	指挥部	Fw190	5	5
	第1大队	Fw190	38	26
	第2大队	Fw190	40	38
	第3大队	Fw190	26	20
JG400	第1大队	Me163	46	19

夜间战斗机				
NJG1	指挥部	Me110/He219	20	18
	第 1 大队	He219	64	45
	第 2 大队	Me110	37	24
	第 3 大队	Me110	37	31
	第 4 大队	Me110	33	24
NJG2	指挥部	Ju88	8	7
	第 1 大队	Ju88	41	26
	第 2 大队	Ju88	28	20
	第 3 大队	Ju88	49	26
	第 4 大队	Ju88	36	29
NJG3	指挥部	Ju88	6	3
	第 1 大队	Me110	48	40
	第 2 大队	Ju88	30	23
	第 3 大队	Ju88	37	22
	第 4 大队	Ju88	37	19
NGJ4	指挥部	Me110/Ju88	5	5
	第 1 大队	Ju88	34	17
	第 2 大队	Ju88	23	18
	第 3 大队	Ju88	28	19
NJG5	指挥部	Ju88	10	8
	第 1 大队	Me110/Ju88	43	29
	第 3 大队	Me110/Ju88	66	60
	第 4 大队	Me110/Ju88	51	24
NJG6	指挥部	Me110/Ju88	29	23
	第 1 大队	Me110/Ju88	26	12
	第 2 大队	Me110/Ju88	26	18
	第 3 大队	Me110/Ju88	23	19
	第 4 大队	Me110/Ju88	37	29
NJG11	第 1 大队	Me110/Ju88	43	30
	第 2 大队	Me110/Ju88	41	23
NJG100	第 1 大队	Ju88	25	18
	第 10 中队	Ju88	17	14
轰炸机部队				
KG100	第 2 大队	He177	44	32
侦察机部队				
第 196 侦察大队		Ar 196	25	23
第 122 侦察大队		Ju188	9	7
特种任务部队				
KG200		型号各异	295	206

与 1944 年 5 月相比，帝国航空队的实力有所减弱。随着西线战争日益逼近德国西部边境，帝国航空队和第 3 航空队所负责的空域有重合的趋势。OKL 调整了这 2 支战略兵团的战区划分。德国西部地区的昼间防空任务被移交给第 3 航空队负责，为此帝国航空队向其移交了几个战斗机大队。作为交换，第 3 航空队向帝国航空队移交了它的夜间战斗机部队。所以现在帝国航空队夜战部队实力增强。

第 3 航空队

部队		机型	总数	可出动数
昼间战斗机部队				
JG1	指挥部	Fw190	5	4
	第 1 大队	Fw190	27	22
	第 2 大队	Fw190	40	30
	第 3 大队	Fw190	40	35
JG2	指挥部	Fw190	4	3
	第 1 大队	Fw190	28	23
	第 2 大队	Fw190	3	2
	第 3 大队	Fw190	19	6
JG3	第 1 大队	Me109	31	22
	第 3 大队	Fw190	32	26
	第 4 大队	Fw190	35	24
JG4	指挥部	Fw190	2	1
	第 1 大队	Me109	41	33
	第 2 大队	Fw190	25	18
	第 3 大队	Me109	13	10
	第 4 大队	Me109	26	17
JG11	指挥部	Fw190	7	6
	第 1 大队	Fw190	23	20
	第 2 大队	Me109	37	31
	第 3 大队	Fw190	42	26
JG26	指挥部	Fw190	3	3
	第 1 大队	Fw190	60	36
	第 2 大队	Fw190	64	42
	第 3 大队	Fw190	56	28
JG27	指挥部	Fw190	2	2
JG27	第 1 大队	Me109	33	24
	第 2 大队	Me109	25	20
	第 3 大队	Me109	28	23
	第 4 大队	Me109	24	22
JG53	指挥部	Me109	4	1
	第 2 大队	Me109	46	29
	第 3 大队	Me109	39	25
	第 4 大队	Me109	46	34
JG54	第 3 大队	Fw190	47	31
	第 4 大队	Fw190	50	39

JG77	指挥部	Me109	2	1
	第1大队	Me109	43	24
	第2大队	Me109	32	20
	第3大队	Me109	10	7
轰炸机部队				
LG1	指挥部	Ju88	1	1
LG	第1大队	Ju88	29	25
	第2大队	Ju88	34	26
KG51	指挥部	Me262	1	0
	第1大队	Me262	51	37
KG66	第1大队	Ju88	29	17
KG76	第3大队	Ar234	12	11
空射巡航导弹部队				
KG53	指挥部	He111	1	1
	第1大队	He111	37	25
	第2大队	He111	33	29
	第3大队	He111	30	24
对地攻击部队				
SG4	指挥部	Fw190	49	17
	第1大队	Fw190	29	24
	第2大队	Fw190	40	36
	第3大队	Fw190	34	24
夜间袭扰部队				
第1大队		Ju87	44	37
第2大队		Ju87	39	26
第3大队		Fw190	28	21
战略侦察部队				
斯派林指挥部		Ar234	4	4
海克特指挥部		Ar234	1	1
战术侦察部队				
第1大队		Me109	15	8
第13大队		Me109/Fw190	51	39
布伦格指挥部		Me262	5	2
运输机部队				
TG3	第2大队	Ju52	50	48
TG4	第3大队	Ju52	51	46
第30运输大队		He 111	10	5

在诺曼底战役中惨遭重创的第3航空队，一度被降级为帝国航空部西部指挥部。后来为支援德军的阿登反攻而得以重建，并且从帝国航空队获得了支援。尽管在阿登反击中损失巨大，其实力仍比1944年5月时多出1倍。当前，大部分可供作战的喷气式轰炸机和喷气式侦察机都隶属于该航空队。

在东线战场，第1、第4、第5和第6航空队仍在竭力奋战。其总实力已经恢复至1967架可出动飞机的水平，略高于44年5月时的状况。与西线一样，部队构成发生了显著改变。轰炸机只剩下66架。战斗机和侦察机数量有所提升。

第 1 航空队现在被隔绝在库尔兰半岛。第 4 航空队退守匈牙利和南斯拉夫。它的 He111 轰炸机现在主要用于向被包围的德军地面部队空投补给。第 5 航空队被赶出了芬兰，现在驻扎在挪威。它拥有 3 个 Ju88 鱼雷轰炸机大队，用于攻击盟军经北极前往苏联的运输船队。但是因燃料短缺，这些轰炸机已无法发挥作用。驻扎在东普鲁士和波兰西部的第 6 航空队仍然是东线最强大的航空兵团。

第 1 航空队

部队		机型	总数	可出动数
昼间战斗机				
JG51	指挥部	Me109/Fw190	20	16
JG54	指挥部	Fw190	1	1
	第 1 大队	Fw190	35	32
	第 2 大队	Me109	40	31
对地攻击部队				
SG3	第 3 大队	Fw190	39	35
夜间袭扰部队				
第 3 大队		Ar66/Go145	34	26
战术侦察部队				
第 5 大队		Fw189/Me109	29	22
运输部队				
TG1	第 1 大队	Ju52	45	42

第 4 航空队

部队		机型	总数	可出动数
昼间战斗机部队				
JG51	第 2 大队	Me109	36	26
JG52	第 2 大队	Me109	34	30
JG53	第 1 大队	Me109	19	18
JG76	指挥部	Me109	4	4
轰炸机部队				
KG4	指挥部	He111	1	1
	第 1 大队	He111	25	22
	第 2 大队	He111	23	12
	第 3 大队	He111	24	11
	第 4 大队	He111	14	10
对地攻击单位				
SG2	指挥部	Fw190/Ju87	10	7
	第 1 大队	Fw190	32	23
	第 2 大队	Fw 190	34	29

	第 3 大队	Ju 87	35	29
	第 10 中队	Ju 87	10	9
SG9	第 4 大队	Hs129	59	45
SG10	指挥部	Fw190	3	1
	第 1 大队	Fw190	22	17
	第 2 大队	Fw190	23	19
	第 3 大队	Fw190	21	20
夜间袭扰单位				
第 5 大队		Go145/Ar66	47	39
第 7 大队		Hs126/Fiat CR42	54	37
第 10 大队		Ju87	30	25
战略侦察单位				
第 2 大队		Ju88/Ju188	25	17
第 33 大队		Ju88	13	10
第 121 大队		Ju188	8	5
独立夜间侦察大队		Do217/Ju88	7	6
战术侦察单位				
第 12 大队		Me109/Ju88	23	16
第 14 大队		Me109/Fw189	46	35
克罗地亚中队		Me109/Hs126	24	16
运输机单位				
TG2	第 2 大队	Ju52	11	11
	第 3 大队	Ju52	28	16
TG3	第 3 大队	Ju52	31	22

第 5 航空队

部队		机型	总数	可出动数
昼间战斗机单位				
JG5	指挥部	Me109	4	4
	第 3 大队	Me109	55	43
	第 4 大队	Me109/Fw190	45	35
ZG26	第 4 大队	Me410	41	35
夜间战斗机单位				
挪威特遣队		Me110/Ju88/He219	10	9
鱼雷轰炸机单位				
KG26	指挥部	Ju88	11	4
	第 1 大队	Ju88	30	22
	第 2 大队	Ju88	37	32
	第 3 大队	Ju88	37	25
夜间袭扰单位				
第 8 中队		Ju87	33	30

战略侦察单位			
第 32 中队	Fw190/Me109	9	6
第 120 中队	Ju88/Ju188	19	17
第 124 中队	Ju88/Ju188	12	8
海上侦察单位			
第 130 中队	Bv222	2	1
	Bv138	21	19
运输机单位			
第 20 大队	Ju52	50	47
第 2 海上运输大队	Ju52	7	5

第 6 航空队

部队		机型	总数	可出动数
昼间战斗机单位				
JG51	第 1 大队	Me109	36	26
	第 3 大队	Me109	38	28
	第 4 大队	Me 109	34	24
JG52	指挥部	Me109/Fw190	10	5
	第 1 大队	Me109	34	30
	第 3 大队	Me109	42	40
夜间战斗机单位				
NJG5	第 1 大队	Me109/Ju88	43	35
NJG100	第 1 大队	Me109/Ju88	51	41
轰炸机单位				
KG55	第 4 大队	He111	14	10
对地攻击单位				
SG1	指挥部	Fw190	5	5
	第 2 大队	Fw190	39	38
	第 3 大队	Fw190	38	36
SG3	指挥部	Fw190	9	8
	第 1 大队	Fw190	47	43
	第 2 大队	Fw190	34	31
SG77	指挥部	Fw190	6	6
	第 1 大队	Fw190	40	34
	第 2 大队	Fw190	38	31
	第 3 大队	Fw190	38	30
	第 10 中队	Ju87	19	16
夜间袭扰单位				
第 4 大队		Ju87/Si204	60	47

海上侦察单位			
第126大队	Ar196	21	11
	Bv138	9	6
战略侦察单位			
第1大队	Ju188/Me410	25	17
第3大队	Ju188/Me410	22	15
第22大队	Ju188	13	10
第122大队	Ju188/Me410	28	23
独立夜间侦察大队	Ju88/Ju188/Do217	36	23
战术侦察单位			
第2大队	Me109/Fw189	33	30
第3大队	Me109/Fw189	57	46
第4大队	Me109/Fw189	23	21
第8大队	Me109/Fw189	24	16
第15大队	Me109/Fw189	20	13
运输机单位			
TG3	第1大队	Ju52	36	27

第2航空队

部队	机型	总数	可出动数
夜间袭扰单位			
第3大队	Ju87	23	14
远程侦察单位			
第122大队	Me410/Ju88/Ju188	16	13
战术侦察单位			
第11大队	Me109/Fw190	29	23

负责地中海战区的第2航空队现在已经名存实亡。从其兵力构成可以看出,德国空军事实上已经放弃了这个战略方向。

统计数据不仅显示了德国空军各类飞机的数量和分别,而且也清楚表明,自1944年5月以来,被德国人寄予厚望的新式飞机目前仍然处于步履维艰的状态。当前服役于一线部队的Me262、Me163和Ar234,其总数也没能超过100架。显然,德国空军试图以技术优势克服数量劣势的努力未能获得成功。当1945年来临之际,摆在德国人面前的道路只有一条,即加速新式飞机的发展进度。

1944年12月12日,戈林在一次与军备部门官员的会议上,要求在未来数月内实现以下目标:He162和Me262的月产量1500架;老式的Me109和Fw190全部停产,以便为新型的Ta152让路,后者的月产量将达到2000架;此外,每月还需生产150架Me163和

Me263 这样的火箭战斗机；从 1945 年 1 月开始，每月生产 300 架 Do335 和 Ju388，用于战斗轰炸机、夜间战斗机和远程侦察机；Ar234 将被作为标准轰炸机继续生产，月产 500 架，除用作轰炸机以外也被用于空中侦察和夜间防空作战。总而言之，到 1945 年 1 月，应实现月产 6400 架飞机的目标，其中 6000 架用于一线作战，400 架用于飞行训练。

军备生产部门同意给予 Me262 和 He162 以最高优先权，使其尽快服役。夜间战斗机的优先权较低。军备部门预计，短期内，夜间战斗机的月产量不会超过 200 架。到 1945 年中期以后将会增至 380 架。战斗轰炸机将逐渐由喷气式飞机和 Do335 构成。轰炸机的产量将继续削减。将实现月产 350 架 Ta152 的目标，但为此必须使得 Fw190 的月产量削减 600 架。Me262 和 He162 将代替所有现有的活塞引擎战斗机。但是鉴于当前紧张的燃料供应情况，Ar234 和 Ju287 都将只能获得低度优先权。其他诸如 Go229 和 Me263 这类另类战斗机，将暂时不会量产。因为尽管机体的生产较为容易，但是由于引擎短缺，这个生产计划不可能成功。

很明显，德国空军不仅打算使现有的项目进度提速，加快武器装备的更新换代，而且还要上马一大批新的高技术项目包括诸如 He162、Go229 和 Me263 这样的喷气式战斗机、飞翼式飞机、火箭动力飞机等等。此外还有大量的防空导弹。这些五花八门的项目为德国空军的最终覆灭抹上了一层奇异的景观。

人民战斗机

人民战斗机的设想源自 1944 年的夏天。当时，紧迫的战局已经使 OKL 意识到，Me109 和 Fw190 越来越难以胜任保卫帝国领空的重任。技术的落伍、燃料的匮乏和熟练飞行员的短缺，都是德国空军不得不面对的难题。为此，德国空军希望研发一种新式飞机。这种飞机必须拥有以喷气引擎为基础的优越性能，以便能够在战斗中以少胜多。如此方能以较少的燃料消耗完成作战任务。它还必须易于大批量生产、尽量避免使用稀缺资源，而且可以由非熟练工人在简陋工厂内制造。如此才能替换掉当前数量庞大的活塞引擎战斗机。最后，鉴于人力资源匮乏，新飞机必须满足易于操纵的要求，最好可以由仅受过滑翔机训练的飞行员驾驶。所有这些要求概括起来，就是要求易于生产、易于操纵，外加性能优越。如此就构成了所谓的"人民战斗机"概念。显然，军方的要求近乎不切实际。对此，老牌战斗机生产商梅塞施密特公司和福克伍尔夫公司都表示难以满足，所以拒绝投标。最后，海因克尔公司的方案胜出。这就是 He162。德国人希望，它将与 Me262 一起，在 1945 年重新夺取制空权。

海因克尔之所以能够拿出方案，与其先前的技术研发和积累密不可分。从 1943 年夏天开始，海因克尔公司就开始自筹资金，研制一种单引擎喷气战斗机。为了便于大批量生产，必须尽量减少稀有金属材料的消耗，而更多地依靠木材和普通钢板。这也有助于在条件简陋的地下工厂内大批量生产。作为一种廉价的昼间短程截击机，新飞机只装备 2 门 20 毫米航炮，每门火炮备弹 250 发，不装备副油箱和其他额外的设备。如此才能令机身的尺寸降至最低，甚至不足以塞下喷气引擎。所以引擎只能被放置在机身的背部或者下部。最终，整架飞机的空重只有 1660 公斤，只比日本的零式战斗机稍重。即便在满

▲ 1/JG1 中队长赫尔穆特·奎因奈克上尉与其座机的合影。对比一下飞行员的身材,不难发现,He162真是一架小飞机。

载燃油和弹药的情况下,起飞重量也不会超过3吨,还不到Me262的一半,也比盟军的战斗机更轻。

到1944年7月初,公司内部编号为HeP1073的设计方案正式完成了草图绘制阶段,正好赶上了军方的"人民战斗机"项目招标。尽管设计团队尚未确定使用何种喷气引擎,但是公司还是决定背水一战。此时,老式的He111即将停产;新式的He177也不成功;采用平直机翼的喷气式战斗机He280输给了采用后掠机翼的Me262;至于受到一线部队好评的He219,甚至从未得到RLM的青睐。海因克尔公司必须借助"人民战斗机"项目咸鱼翻身,否则就得沦为其他公司的代工工厂。为了博取得军方的欢心,海因克尔公司拿出了极为乐观的研究进度表。预计在1944年10月1日完成全尺寸模型,12月1日完成第一架原型机。大规模生产将在1945年1月开始。正是这紧凑的时间表最终打动了军方。

事实上,在德国空军内部,无论是空军参谋长克莱佩将军,还是战斗机总监加兰德将军,都不喜欢He162。他们都是Me262的忠实拥护者,认为这是德国空军唯一的希望所在。而所谓的"人民战斗机"纯粹是浪费资源。但是戈林和军备生产部长施佩尔都支持"人民战斗机"项目,并给予其很高的优先权。这些人更多的是从生产和后勤的角度看待这种飞机的。

1944年9月,军方正式授予合同,要求公司全力以赴完成这个项目。此时,动力系统的选择成为必须首先确定的问题。在原始设计中,这种飞机应该装备由海因克尔公司自己研发的性能更加先进的HeS011引擎。如果引擎研制进度不能跟上飞机项目进度的话,则先以Jumo004引擎应急。然而残酷的现实却是,HeS011引擎不可能及时准备就绪,而Jumo004引擎必须优先满足Me262的生产。不得已之下,公司决定先以性能欠佳的BMW003引擎应急。这最终引发了一场危机。9月15日,RLM拒绝了采用BMW003引擎的方案,认为装备此种引擎的飞机不能满足性能要求。尽管宝马公司已对BMW003引擎做了大量测试和改进工作,但是可靠性问题始终未得到解决。这就将He162项目置于失败的边缘。与此同时,梅塞施密特还在与海因克尔进行着激烈竞争。前者当然希望自己能够垄断喷气式战斗机的市场。而军方则开始把兴趣转移到布罗姆·福斯公司的BV P211.01方案上来。海因克尔被迫提升设计,为飞行员提供更好的视野。军方这才表示基本接受。另一方面,BV P211.01方案遇到了严重的气动技术问题,短期内不可能克服。就这样,He162的地位终于稳固下来。来自其他公司的竞争者也已经出局。他们只能参与下一轮竞争了。

整个1944年秋天,海因克尔公司内部始终在快马加鞭地推进项目。从9月份开始,模型开始在哥廷根进行吹风实验。尽管采用了简洁的总体设计,但是仍有大量具体问题有待定夺,包括引擎的安装、机翼的形状、起落架的规格和油箱布置等等。所有这些都一再修改，以提升飞机的效能。而且来自军方的干扰也在迫使设计人员不断做出修改。为了加快进度，设计人员几乎全都吃住在工厂内，平均每周工作时间超过 100 小时。到 10 月 20 日，终于提交了除了动力系统以外的整体设计方案。但是引擎安装部分的设计远未完成，所有人似乎都清楚，BMW003 只是临时解决方案。HeS011 仍然是首选。但这种引擎的研发工作要等到 1945 年 3 月才能有所突破。希望只能寄托在半年之后。1944 年 11 月 1 日，装备 BMW003 引擎的全套设计图纸终于宣布冻结，准备制造原型机。

与此同时，大规模生产也正处于准备阶段。在维也纳附近的 1 个地下工厂内，2400 名集中营囚犯正在生产飞机的机身和部分机翼结构部件。他们全部由党卫军负责监督。为了最大限度地提升产量，必须毫不留情的使用这些人力资源。在此过程中，生命的损失根本不在考虑范围内，限制飞机产量的唯一因素是原材料的供应匮乏程度。无论损失多少人，党卫军永远能找到充足的人力资源。预计到 1945 年 4 月底，月产量可达到 1000 架。在德国北部地区，党卫军还在建造另外 1 个

▲ 在维也纳新城的地下工厂内，集中营的囚犯们正在 He162 的装配线上工作。

地下工厂，以期把 He162 的月产量再翻番，达到 2000 架。

1944 年 12 月 1 日，首架 He162 下线，5 天后顺利实现首飞。但是第二次当着军方高层的面进行的测试飞行则以灾难收场。由于飞行过程中右翼突然脱落，飞机随即翻滚坠地。飞行员死亡。随后的调查表明，机身结构强度不足，必须弥补。

尽管初步试飞并不令人满意，军方还是下了 1000 架的订单，并于 1944 年 12 月 27 日正式组建了 He162 实验指挥部，负责新飞机的飞行员训练和新战术研发。这个实验指挥部为中队级规模，拥有 12 架飞机。预计大规模训练飞行将于 1945 年 2 月开始。如此急迫的时间表不仅是因为战局恶化带来的压力，更主要的因素还在于纳粹高层的权力斗争。

自"720 事件"以来，党卫军的政治地位急剧提升。希姆莱现在不仅染指陆军的作战行动，还把手伸进了空军的地盘。早在 1943 年底，党卫军已经认定，在 RLM 的错误领导下，德国空军正在失去数量和质量优势，而且面临着一系列的结构性缺陷。党卫军希望自己能取而代之。"720 事件"之后，希姆莱认为机会终于来了。1944 年 9 月，这位党卫军头子下令着手组建第一个党卫军战斗机大队。这个将在空中作战的党卫军部队原计划装备 Me163，后来又钟情于 Go229。但最后的选择落在了较为现实的 He162 上面，并且开始着手飞行员培训工作。戈林有理由担心，如果党卫军在帝国本土的防空战斗中发挥更大的作用，那么自己将在希特勒面前变得地位不稳。所以他竭力抵制希姆莱的野心。但是希特勒并未对希姆莱的做法表示反对。现在戈林只能把希望寄托在诸如飞行员训练这样的业务问题上。党卫军毕竟缺乏相关的

专业知识技能和经验，不可能在短期内培训出大量合格飞行员。空军必须在He162的研发、装备和训练问题上抓紧时间，以便牢牢掌握相关工作的主导权。

到1944年底，随着He162项目的进展，即便是加兰德手下的幕僚们也承认，这种小型战斗机的确满足了最低限度的作战需求。而加兰德本人的意见已经不再重要。他的地位已经遭到削弱，很快还会被撤销战斗机总监的职务。

1945年1月9日，OKL最终决定将He162实验指挥部升级为JG200。该联队将被置于帝国航空队的指挥之下。但是训练工作将由战斗机总监负责。当然，所有这些计划的前提是，He162必须按时完成试飞工作。

1945年1月22日，经过改进之后的第一架He162量产型原型机已经准备就绪。随后又有至少15架原型机下线，加入试飞队伍。但是在2月4日，1架原型机坠毁。飞行员死亡。设计人员随即决定为飞机安装1个减速伞，以便作为高速飞行时的安全保障措施。到3月5日，所有原型机已经累计飞行了63架次。总飞行时间已达到11小时。总共有15名飞行员试飞了这种飞机。其中一些人只有B级飞行执照，也就是说他们还是尚未接受任何作战训练的菜鸟。

随着试飞工作的进行，设计人员发现，He162可以在8000米高度达到时速800公里。但是高速飞行导致的震动也可能会令引擎熄火。为了提升稳定性，机体被稍微延长了一些，对机翼的形状也做了一些修改，安装角度也也向上抬升了2度。尾翼和垂尾的面积也被加大。改进之后，飞机的时速可达880公里，且稳定性令人满意。最后，德国人还测试了弹射座椅。测试结果表明，弹射座椅的最低

安全使用高度是200米。低于此高度的弹射，将不会有足够的时间令降落伞打开，飞行员将会被摔死。

另一方面，部队换装工作也在紧锣密鼓地进行当中。OKL先是将JG200改编为JG80，并且准备首先组建其麾下的第1大队。这个大队包括3个中队，每个中队12架飞机，大队指挥部另外保留4架。但是最终，JG80的组建计划被完全放弃。久经沙场的JG1"奥索"联队被选为第一个换装He162的部队。

JG1此时正奋战于东线战场。当红军于1945年初涌入东普鲁士时，JG1一路向西撤退。当部队接到换装命令时，其麾下的3个大队必须分阶段撤离。I/JG1和II/JG1先后将其手头仅存的Fw190移交给III/JG1，撤离前线。而根据计划，III/JG1也将于2月底撤离前线，加入换装的行列。但是由于生产供应跟不上，换装最终仅限于I/JG1和II/JG1。

由于在先前的战斗中损失惨重，I/JG1和II/JG1的实力非常有限，只相当于2个中队的规模。但是准备接受换装训练的总人数却非常可观。正如先前所预料的，党卫军根本无力组织像样的飞行训练活动。结果，至少有1500名菜鸟被JG1接收。他们大多出生于1928年，现在只有17或18岁。

一系列不利因素最终还是摧毁了德国空军对He162所抱有的期望。首先，由于军方征集了绝大部分有经验的技术人员，后方的军工生产深受影响，即便大量使用集中营奴隶劳工也不可能缓解此问题，以至于迟至3月下旬，II/JG1仍未接收到飞机。其次，BMW003引擎必须使用高品质的航空汽油，而不像Jumo004引擎那样使用较为廉价且易于生产的航空煤油。在燃料工业和运输系统

▲ 党卫军指望用这样的小型滑翔机直接训练 He162 战斗机飞行员，真是异想天开。

已经遭受重创的 1945 年，这使得 He162 深受燃料匮乏之苦。而且由于引擎可靠性不足，德国飞行员奉命严格遵守飞行纪律：时速 500 公里以上的高速飞行时间不能超过 15 分钟，以防引擎突然熄火。最后，由于地勤人员的训练跟不上进度，飞机的维护状况始终欠佳。总而言之，频繁的空袭警报、无处不在的物资短缺，再加上飞机本身的技术缺陷，所有这些不利因素加在一起，大大延缓了 He162 的换装进度。截至 3 月 7 日，只有隶属于 I/JG1 的 8 名飞行员进行了换装训练。飞行员发现这种新飞机速度快，且易于操纵。但是对于那些党卫军的菜鸟飞行员来说，还是太危险了。毕竟他们只接受过驾驶滑翔机的培训。而操纵有动力的飞机完全是另一回事。所谓的"人民战斗机"的概念还是失败了。

尽管如此，那帮党卫军菜鸟们还是不屈不挠。他们制定了一个三步走的基础训练方案。首先让飞行学员坐进一个全尺寸的 He162 驾驶舱模型中，熟悉环境；其次再在这个模型座舱中添加一些真实的开关；最后再将这些开关与一台真正的 BMW003 引擎连接起来，这样飞行学员就可以完成操作引擎的训练了。而在操作过程中，引擎的声音的变化将会提醒学员，他们此时正在进行起降动作还是飞行状态。为了加强训练效果，德国人还专门制造了模仿 He162 飞行特性的训练用滑翔机。然而整个训练器材的生产都极为缓慢。最终这个训练计划无疾而终。

到 1945 年 3 月，海因克尔公司向军方报告称，试飞工作已近尾声。一旦获得必要的

▲ 1 支 MP40 型冲锋枪被固定在训练滑翔机的机身上，空中射击训练全指望它了。虽说是条件艰苦，因陋就简，但多少显得有些儿戏。

▲ 供 He162 专用的训练用滑翔机。这种飞机在德累斯顿生产。由于这座城市在 1945 年 2 月遭到毁灭性空袭，这种飞机的生产数量非常稀少，不会超过 10 架。

燃料，He162 可以在 4 月份做好战斗准备。据此，OKL 预计，到 5 月份，JG1 将拥有 3 个大队，每个大队拥有 52 架 He162，外加联队指挥部的 16 架。这样的期盼明显不切实际。由于盟军正在从东西两线深入到帝国纵深地带，整个运输系统正在崩溃。部队物资匮乏。而且生产基地也不再安全。3 月下旬，红军已经兵临维也纳城下。德军的抵抗正在崩溃。4 月 1 日，一列特别列车载着海因克尔公司的重要技术资料前往德国中部的哈尔茨山，希望在那里重建生产设施。为了加快 He162 的生产，德国人计划全面终止所有活塞引擎战斗机的生产。但是全面转产需要几周时间。而急剧恶化的战况根本不会给德国人留下任何喘息的机会。

由于换装工作一再延误，JG1 迟迟不能重返前线。直至 4 月 11 日，I/JG1 的飞机数量已达到 16 架。但是燃料短缺使得每天只能飞行 10 ~ 12 架次。即便如此，还是有 30 ~ 40 名飞行员接受了换装训练。但此过程中，至少有 3 名飞行员伤亡。

此时，英美盟军和苏联红军正准备在易北河会师。整个第三帝国很快就会被分割成南北两部分。尚未完成换装的 JG1 也接到了命令，转场前往德国北部地区。飞行员们必须驾驶尚不熟悉的飞机飞越危险的帝国领空，前往新基地。4 月 14 日，I/JG1 在转场过程中遭遇了多架敌机。这是 He162 首次面临实战

环境。其中 1 架英国喷火式战斗机被击落。但是成绩最终归于地面防空炮火的名下。所有 He162 都安然无恙，主要是依靠速度优势摆脱了敌人的追踪。

JG1 转场之后，留在原基地的那 1500 名娃娃兵的飞行训练于 4 月 15 日终止。1 周后，他们扛着铁拳反坦克火箭筒投身到地狱般的柏林巷战中，生还者寥寥无几。

而在德国北部的新基地，I/JG1 和 II/JG1 现在已经合兵一处。训练工作还在蹒跚前行。在一再提出抗议之后，II/JG1 的换装训练工作终于在 4 月 20 日开始。此时的 He162 仍不是很完善。4 月 24 日，II/JG1 的指挥官在使用弹射座椅逃生时死亡，因为他忘了在弹射之前首先打开座舱盖，结果头部受到撞击致死。在他前一天，另一名飞行员因为弹射座椅不可靠，被迫自己爬出座舱跳伞逃生。要不是因为燃料不足限制飞行，事故本来还会更多。

进入 5 月份，距离战争结束还有 1 周左右的时间。燃料短缺使得 JG1 每天只能派出 2 个四机编队升空巡逻。He162 正在争取最后的实战机会。5 月 4 日，1 架 He162 声称击落了 1 架英国台风攻击机，但是这个战果最终也被划入高射炮名下。另有 1 次，2 架 He162 曾试图攻击英国的蚊式战斗机，但未成功。

战争结束之前，德国空军曾计划将残存的 He162 派往丹麦和挪威，但是计划未能执行。后来又试图炸毁残余的飞机，免遭敌人缴获。这个想法也失败了。最终 JG1 在自己的机场上迎来了英国接收部队。1 名英军士兵在检查战利品时，因不小心触发弹射座椅而死亡。

根据记录，包括一系列原型机在内，德国人总共制造了大约 180 架 He162。还有

500 架在生产线上迎来了战争结束。JG1 投降时大约有 31 架 He162，其中约 20 架处于可飞行状态。这些飞机后来都被盟军瓜分。在 He162 短暂的生涯中，飞行安全事故频繁发生。至少有 18 名德国飞行员死于 He162 上的各类事故。这个数字比 He162 给敌人造成的损失要大得多。

次世代项目

自始至终，OKL 很清楚 He162 的本质。这是 1 架设计粗糙的飞机，只能被视为一项应急性的临时解决方案。所以在 1944 年底至 1945 年初这段时间内，德国空军也在考虑大量新型战斗机研发项目。与此同时，最新式的 HeS011 引擎即将完成测试，预计于 1945 年 6 月进入量产。所以为其研发一款合适的飞机，就拥有很高的优先权。这些发展项目表明，此时的德国空军尚未失去其想象力。与此同时，在组建自己的战斗机大队失败之后，党卫军仍在竭力向航空研发和制造领域渗透。在战争的最后阶段，由其出资和支持的飞机研发项目也在大量涌现。德国所有著名的航空企业几乎都卷入到了新型飞机的研发活动中。所涉及的飞机研制项目种类繁多，涉及战斗机、轰炸机和战斗轰炸机等所有领域。由于战争末期的混乱导致许多资料已无从查阅，这里只能对其中一部分作简要介绍。

首先是最后的重型战斗机"2TL 战斗机项目"。1945 年 1 月底，军方向所有大型航空制造商发出了具体技术指令，要求研发一款重型战斗机。新飞机至少要配备 4 门 MK108 型 30 毫米航炮，每门炮备弹 160 发，如果可能，还应将航炮的数量提升至 6 门。此外德国人还考虑在将来，为这种飞机换装更先进的 MK213 型航炮。其中一部分火炮应放置在可旋转的炮塔内。但是出于减重考虑，最终火炮的数量被定在 4 门。其中 2 门装在炮塔内。军方特别强调，必须为火炮配置自动瞄准装置。2 台 HeS011 引擎将保证飞机具备较高的爬升率，可以携带 1 个 4500 升燃料的油箱，以强化航程。为了保证爬升率，将使用火箭助推器。飞机的前方和后方都配备有雷达，以实现全方位警戒。攻击雷达应具备自动解算目标数据的能力。此外，新飞机必须拥有必要的防护装甲，以抵御 20 毫米口径炮弹的攻击。时速应达到 1000 公里，以满足当前的战场环境。

各公司提交的方案大多大同小异。以福

▲ 被选作第二代喷气式飞机标准动力的 HeS011 引擎，原计划将于 1945 年 6 月进入量产。

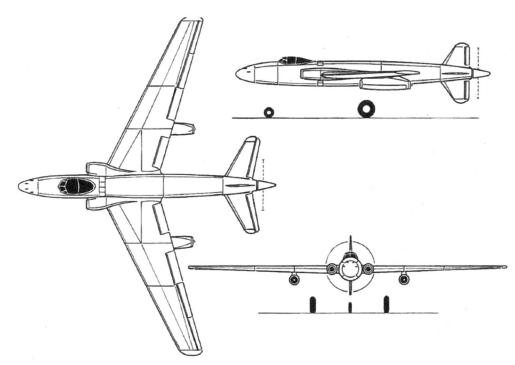

▲ 福克伍尔夫公司提交的"2TL 战斗机项目"的一种设计方案，采用喷气引擎和活塞引擎混装的模式。

克伍尔夫公司为例，他们最终向军方提出了一系列的可供选择的方案，其中大多都是以HeS011 引擎为基础。最终方案提交于 1945年 3 月，这是一种重达 20 吨的双座大型飞机，用 3 台 HeS011 引擎驱动，升限 14000米。时速 900 公里。道尼尔公司一开始还想继续沿用 Jumo213、DB603，或者 Jumo222 这类活塞式引擎。一旦发现风向不对，立刻回到了 HeS011 的道路上来。他们提出了以 2 台HeS011 驱动一种三座重型战斗机的方案。

尽管战局日益危急，军方仍希望以月产100 架的速度制造这样一种重型战斗机。1945年 3 月 9 日，空军完成了最后的技术指标的细节。除了要求加强火力以外，还要安装一种能够使飞机迅速减速的翼面。4 月 2 日，军方还讨论了以此为基础，再研制一种 4 引擎的远程轰炸机，作为日后 Ju287 的替代机型。

然而 10 天之后，所有关于"2TL 战斗机项目"的研发计划都被放弃。

1945 年初，尽管德国人手中还有许多研究项目，但是鉴于战局恶化，戈林决定压缩这些研发计划，集中力量研制战斗机和侦察机。后者还将演化出轰炸机、夜间战斗机和战斗轰炸机。从这时开始，"2TL 战斗机项目"的优先权已经丧失。而与其同时上马的"1TL战斗机"项目则被视为重中之重。

1944 年秋天，当 He162 尚未离开绘图板时，OKL 已开始考虑其替代者的问题。这就是"1TL 战斗机"项目。新战斗机将继承He162 的诸多优点和要求：单引擎推进，以便使原材料和燃料的消耗达到 Me262 一半的水平；飞机的部件将尽量使用普通钢材和木材来制造，以节约宝贵的铝材消耗。这些都是新设计时必须考虑到的因素；它将与双引

▲ 福克伍尔夫的"弗里茨"战斗机工程模型

擎的 Me262 并肩作战，构成高低搭配运用。与"2TL 战斗机"项目一样，各家公司都提交了自己的方案。

"弗里茨"战斗机是福克伍尔夫为"1TL 战斗机"项目提交的方案，采用类似美军 P38 战斗机那样的双尾撑结构。福克公司自己对此种设计也很熟悉。毕竟其 Fw189 侦察机也采用类似设计。进入喷气时代后，此种设计仍然受到青睐。同时期英国的德哈维兰公司正在制造同样款式的"吸血鬼"战斗机；战后瑞典的萨博公司则制造了类似的 Saab 21R 战斗机。

由于 HeS011 引擎研制进度滞后，只能先用 1 台 BMW003 引擎将就着，日后再更换引擎。德国人也曾考虑为其更换 1 台涡轮螺旋桨引擎。据估算，"弗里茨"最高时速可以达到 900 公里，升限可达 15000 米。续航时间至少 1 小时。武器方案准备了至少 3 种：1 名 MK103 型 30 毫米航炮加 2 门 MG151 型 20 毫米火炮；或者 2 门 MK108 型 30 毫米火炮加 2 门 MG151 型 20 毫米火炮；或者采用 4 门新款 MK213 型航炮。到 1945 年初，"弗里茨"的设计工作已经大体完成，但是引擎研发进度滞后，只能先用替代品。1945 年 4 月，盟军缴获了"弗里茨"的相关图纸。

与"弗里茨"相比，Ta183 更适合大批量生产。设计方案于 1945 年 1 月 10 日提交给军方。特点在于短小的机身和后掠翼设计。纸面计算显示，Ta183 可以在海平面高度达到 875 公里的时速，在 7000 米高度，速度可以提升至 940 公里。而且这种飞机将使用普通钢材和木材制造，以节约稀有金属资源。武备方面，将安装 2 门 MK108 型 30 毫米火炮，各配备 100 发炮弹，未来还可以换成更先进

◄ 福克伍尔夫公司的另一种设计方案。既然 He162 可以把引擎置于机身上方，当然也会有人考虑将引擎置于机身下方。这个方案反映了早期喷气式飞机设计上的不成熟。只要把引擎的进气口和出气口同时向前和向后延伸，与上面的机身融为一体，那么引擎最终就可以被包裹在机身内。难怪这个方案最终被放弃，而 Ta183 方案胜出。

▲ 库尔特·谭克博士领衔设计的 Ta183，已能看到米格15战斗机的影子。

的 Mk213 型航炮。为增加航程，机翼下可携带 2 个副油箱。

福克伍尔夫公司很有希望以 Ta183 夺取高端战斗机市场。但这个希望只是部分实现了。1945 年 2 月，在一次军方高层召开的会议上，福克伍尔夫公司得知，他们的产品被允许继续研制，但是只是作为一种过渡机型。尽管公司希望在未来 4 个月内在多特蒙德制造 12 架 Ta183 的原型机，但是军方只拨款制造 2 架。而且军方也未明确，是否一定会将此种飞机进入量产。于是这唯一的 2 架原型机被设计人员充分利用。其中 1 架是木质版本的 Ta183。它使用 Jumo004 引擎。机身制造工作于 1945 年 3 月完成。第二架预计作为 HeS011 引擎的测试平台的标准版飞机始终未能完成。迟至 1945 年 3 月 29 日，德国人仍在为它制造机翼油箱，处理引擎安装工作、控制面的安装工作。至于引擎本身也还遥遥

无期。与此同时，为争取军方的量产订单，设计团队还在考虑为 Ta183 挂载 500 千克重的炸弹，以将其作为战斗轰炸机使用。4 月 8 日，美军第 84 步兵师占领了位于巴特埃尔森的工厂，整个项目就此告终。

事实上，德国空军把希望寄托在梅塞施密特公司身上。继 Me262 之后，该公司的下一代喷气式战斗机正在紧锣密鼓地研发之中。其中最接近完成的，是 MeP1101 项目。该项目构思于 1944 年夏天，要求必须用易于获取的材料，以简单的加工工艺来完成制造工作。除了追求高性能以外，飞机还应具有短距起降能力，以能广泛部署在各地的小型机场上。此外，OKL 还要求拥有强大的火力和良好的可维护性能。截至 1944 年 10 月，德国人对各种形制的机翼做了全面的风洞试验。引擎方面，备选的只有 Jumo004 和 HeS011。火力不变，维持 2 门 Mk108 型 30 毫米炮的

▲ 美军在巴伐利亚缴获的正在进入最后组装阶段的
MeP1101V1 号原型机

模式。在短距离起飞时，需借助火箭助推器。
MeP1101 被作为昼间截击机、战斗轰炸机和
全天候飞机使用。

1945 年 2 月 22 日，相关发展方案获得
通过。3 月份，最后的修订宣告完成，修订
内容包括改进控制面，完善机载设备和武器。
与此同时，原型机制造工作也已展开。第一
架原型机计划使用 Me262 的部分机翼部件，
机翼后掠角度达到 40 度。但这只是临时性举
措。设计师尚未对机翼的形制做出最后决定，
所以初期的试验工作只在地面进行，还不能
进行飞行试验。

事实上，根据梅塞施密特公司的规划，
MeP1101 项目只是其一系列新式战机研发的
起点。项目编号从 MeP1101 按顺序一直排到
了 MeP1112。所涉及的研究范围非常广泛。
例如，MeP1103 和 MeP1104 项目是短程的火
箭截击机，类似于 Me163；MeP1106 项目则
吸收了亚历山大·利比希教授的研究成果，
打算采用激进的三角形机翼，并采用依靠火
箭提供初始动力的冲压引擎，最终实现超音
速飞行；MeP1108 项目是打算采用飞翼布局
的远程轰炸机；MeP1112 项目中，德国人已
开始考虑采用可变后掠翼技术，以使飞机兼
顾航程和速度。相关研究已经在 Me262 上进
行。虽然不能直接为 Me262 换装可变后掠翼，

但研究结果可以用于改进 Me262 的机翼设计。

正是这些种类繁多的研发计划使得军方
最终认定梅塞施密特公司最具实力，其项目
也最有潜力。但是军方同时也指出了这些设
计的问题，包括油箱过于脆弱，缺乏保护、
内部空间太小，以及引擎的延迟交付问题。
此外，军方专家对于过于激进的三角翼飞行
器、飞翼式飞行器都持保守态度，尽管并未
公开指责这些革新设计。他们只是强调，未
来的标准战斗机应用有一个较大的机身，以
容纳动力更强劲的引擎。

1945 年 2 月 28 日，军方最终决定，
MeP1101 将不会进入量产，但是已经开始制
造的原型机应继续完成，并尽快进行各类试
验。真正的主力战斗机将是 MeP1112。它的
速度应比现在的 Me262 快 200 公里，达到
1050 公里的水平。只有这样，才能维持对盟
军的战术优势。在此之前，将先依靠 Ta183
维持局面。

到 1945 年 5 月战争结束时，大部分相关
研究成果被美军缴获，包括 1 架接近完成的
原型机。20 世纪 50 年代，美国的贝尔公司以
这些战利品为基础，制造了 X5 技术验证机。

与德国空军相比，刚刚涉足航空领域的
党卫军对于相关科研怀有更高的热情和期望。

▲ MeP1112 的全尺寸木质座舱模型

▲ 贝尔公司于50年代初期制造的X5技术验证机，用于验证可变后掠翼技术。从外形判断，的确具有梅塞施密特的血统。

▲ 梦幻般的飞翼战斗机Go229

由其资助的研发项目也更加前卫和激进。飞翼布局的飞机就是最明显的例子。它构成了战争末期德国航空科研领域中最具梦幻色彩的部分。

早在30年代，德国的一些航空工程师和梦想家们已经开始探讨飞翼布局的飞机设计问题。大部分设计师对此持保留态度。例如日后参与Ta183设计的汉斯·莫罗索普就反对飞翼式飞机的设计。在大多数人眼里，飞翼布局的飞机除了形态优美之外，没有多少优点。但是缺点倒是不少，包括：操纵性能欠佳；载荷有限；通常需要左右两边的引擎数对称布置，而一旦其中一台引擎失灵，将引发灾难性的失控事故。

转眼到1944年，随着战争形势愈发不利，

希姆莱领导下的党卫军竭尽所能调集集中营的囚犯，试图创造奇迹。其中，制造一种强有力的战斗轰炸机是一项重点工作。霍顿兄弟的Go229项目被选中。与普通飞机相比，飞翼式的Go229似乎是一种突破性的新概念兵器。党卫军对此怀有很高的期望。当然，考虑到原材料短缺，党卫军也只能接受各种替代品解决方案，用钢材取代铝材，大量使用木材来制造飞机。

Go229被视为轰炸机和重型战斗机。1944年底，在党卫军的支持下，霍顿兄弟在位于哥廷根的工厂内着手制造原型机。业务领域的相关工作直接接受第9航空军的监督。1945年2月5日，装备2台Jumo004引擎的Go229原型机首飞成功。事实上在此之前，这架原型机已经进行了多次非正式的飞行试验。一切看来都很顺利。然而很快，在2月18日的试飞中，1台引擎失灵，飞机坠毁。试飞员艾尔温·齐勒上尉也被摔死。

此时，另有3架原型机处于制造阶段。但是生产能力不足，导致进度缓慢。此时德国空军也掺和进来。军方认为他们更缺乏侦察机，所以又在这3架原型机的基础上追加了20架侦查型号。将为其配备2门MK108型30毫米航炮，外加2台航空照相机。这些计划全部落空。当美军第9装甲师抵达哥廷根时，他们缴获了接近完工的V3号原型机，

▲ 艾尔温·齐勒上尉（近处面朝照相机者）和他的飞机

剩下的飞机则被拆卸成一堆零件，运回美国。

由于党卫军的介入，德国各大航空巨头很快都发现了这个新的金主，并竭力迎合。而处境不利的德国空军也只能顺水推舟。在这种情况下，战争末期的飞翼热潮绝不仅限于 Go229。霍顿兄弟在 Go229 之外也还有更大的野心。而梅塞施密特、福克武尔夫、阿拉多、容克等几乎所有德国大型航空企业都想从中分一杯羹，所以各自都有研发飞翼式飞行器的项目。这些飞翼布局飞机基本上都可归为"美利坚轰炸机项目"之下。

1944 年秋天，RLM 召集霍顿、梅塞施密特和容克公司的代表，商讨研制一款可以抵达美国东海岸的远程轰炸机。为期 3 天的会议中，RLM 得出结论，容克的 Ju287 远程型号不能满足这样的需求。而尽管霍顿的方案要比梅塞施密特的航程高出 60%，它和梅塞施密特的方案一样，都未获通过。尽管如此，霍顿兄弟还是决定自行开展研究计划。这就是所谓的 Ho ⅩⅧ 型轰炸机。由于军方没有给出确切的参数要求，该方案有多种变形，但都是六引擎远程飞机。区别只在于采用何种引擎。研制工作于 1944 年 12 月展开，按计划将在半年内完成。

1945 年 3 月 12 日，军方终于表示了某种程度的认可。戈林指示尽快开始相关的原型机制造工作。但是对于完成日期没有提出具体要求。但是当美军于 4 月份占领霍顿的工厂时，设计工作已经全部完成，机身制造工作也已经完成了 50%。从设计看，Ho ⅩⅧ 是一种三座远程轰炸机，最大航程 13000 公里。机腹弹舱内携带 4 枚 1 吨重的 SC1000 型炸弹。油箱可载油 16 吨。在携带 4 吨炸弹的情况下，起飞重量将达到 32 吨，作战半径可达 4000 公里。如果减少载弹量，航程还能提

▲ 装配中的 Ho ⅩⅧ。这个总装车间更像是一个木工厂房。

升。如果要执行攻击北美的任务，载弹量必须减少到 1 吨甚至更低的水平，以便获得额外的航程。如果只是执行短程任务，还可以在机翼下挂载更多的炸弹。在执行远程任务时，炸弹舱内将设置临时油箱，以提供更远的飞行能力。此外，飞机还具备空中加油能力，加油机由 Ju290 改装而成。在平飞时，最高速度可达 820 公里时速。考虑到钢材和木材作为骨架的强度，最大速度必须限制在 900 公里以内。德军一度打算将相关的研制和生产设施转移到德国中部的哈尔茨山中，但是当转移命令传达到霍顿的工厂时，已经为时已晚。

第二种类似设计是容克公司推出的四引擎的 EF130。采用 4 台 HeS011 引擎，飞机全重估计在 38 吨左右，翼展 24 米，机翼总面积可达 120 平方米。由于缺乏制造能力，容克公司将此项目转给了 DFS。与霍顿的设计相比，EF130 有 1 个全金属机身，但是机翼是木质的。炸弹舱一样可携带 4 吨炸弹，油箱配有装甲防护。全部 3 名机组成员坐在 1 个加压座舱内。炮手通过遥控装置操作自卫火炮。由于 HeS011 引擎不能及时就绪，也曾考虑暂时先以 BMW003 引擎顶替。但是即便坚持使用 HeS011，仍不能达到性能要求。飞

▲ 梅塞施密特的 Me P1108 项目方案。4 枚 SC1800 型巨型炸弹反映了德国人对这种轰炸机的期望值。

机的最大时速可达 950 公里，但是航程不足。即便只携带 1 枚 1 吨重的炸弹，航程也只有 7500 公里，不足以完成远赴北美再安然返回的任务。因此该方案于 1945 年 3 月被放弃。

最后是德国空军的战斗轰炸机项目。迟

至 1944 年夏天，战斗轰炸机在德国空军的装备序列中并不占据优先位置。已有的机型大多是从其他飞机改进而来。诸如由斯图卡俯冲轰炸机改进而来的 Ju87G 型和 Fw190 的战斗轰炸型。真正的专职战斗轰炸机只有老式的双翼飞机 Hs123 和不太成功的 Hs129。到 1944 年底，随着轰炸机部队重组，德国空军迫切需要加强战斗轰炸机力量，以维持战场对地攻击能力。为此，RLM 继续沿用双路并进的思路，一方面试图改装 He162 和 Ta183；另一方面研发新型号。由于战争末期原材料供应紧张，新研发的飞机必须采用尽可能小的机身，以节约资源。而且 OKL 相信。目标较小也就意味着在战场上被击中的概率更小，如此将提升战场生存概率。

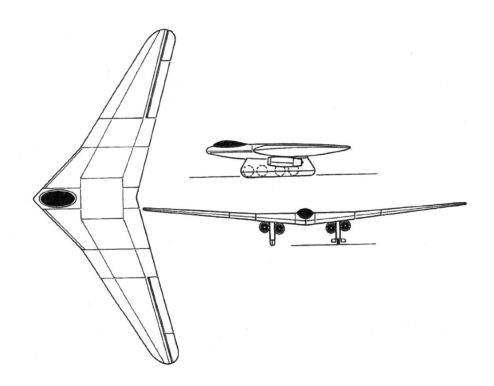

▲ 容克公司的 EF130 方案，与 Ho ⅩⅧ 同等级别。将引擎置于机翼下显得设计过于潦草。霍顿的方案已经实现了引擎和机身的一体化。

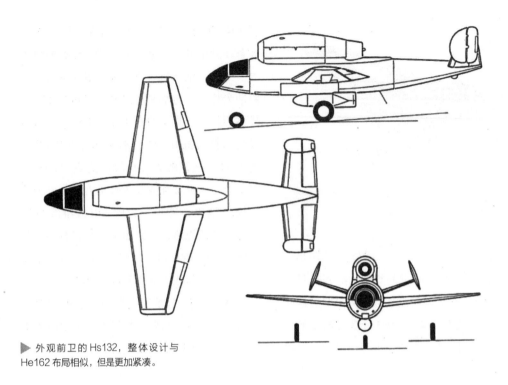

▶ 外观前卫的 Hs132，整体设计与
He162 布局相似，但是更加紧凑。

亨舍尔 Hs132

　　该项目始于 1943 年夏季公司内部研发项目 HsP123。到 1944 年春天，制作了 1 个全尺寸模型交军方审查。到 8 月底，军方决定将这种飞机作为战斗轰炸机使用。

　　以引擎的不同型号区分，Hs132 可分为 ABC 三种型号，分别对应使用 BMW003、Jumo004 和 HeS011 引擎。整个设计方案极为先进。机身前部 1 个半透明的座舱，飞行员通过机身下方的舱门爬进飞机，然后俯卧在机舱内进行操纵。在紧急情况下，座舱侧面还有 1 个较小的舱门，作逃生之用。座舱的侧面和下面都安装有装甲。正面则是 1 块 75 毫米厚的防弹玻璃。

　　为降低造价，只有机身使用较为昂贵的金属材料，机翼则主要依赖木材和普通钢材。武备与 He162 等同。包括 2 门 MG151 型 20 毫米火炮。每门火炮备弹 250 发。在机腹中心线下可以挂载 1 颗 500 公斤级炸弹。如果是对付轻型防护目标，也可以在两边机翼下各自挂载 1 颗 50 公斤级的炸弹。如果使用动力更强劲的 HeS011 引擎，则可以将武装加倍。航炮增至 4 门。载弹量可到达 1 吨。此外，也曾考虑在机翼下方挂载反坦克火箭弹。

　　1944 年 11 月，第一个机身完成制造工作，与此同时，在哥廷根的空气动力测试中心内，1 个 1：6 的缩小比例的模型进行了吹风试验。测试显示，飞行员的防护仍然不足。飞机有些头重脚轻。在以机腹紧急迫降的情况下，飞行员难以从侧面的舱门中及时逃生。1944 年底，开始制造第一架原型机。原计划将于 1945 年 3 月首飞。但是盟军的空袭和地面进攻打乱了所有计划。到 1945 年春天，计划只能无限期推迟。

战争末期，红军在柏林1个地下室里找到了一些已经完成的Hs132的机身。当时正等待装配引擎和机翼。其中1架相对完整的机身被运往苏联，然后不知所终。

EF126

1944年底，军方对于Hs132项目进度拖延非常不满，遂考虑其他选择。EF126由此获得了机会。该项目始于1945年初，是容克公司的一系列革命性新设计之一。这是1架用木头制造的单座轻型飞机，比Hs132更简单，也更容易制造。最初计划为其安装1个可伸缩式起落架。但是鉴于资源不足，设计师最终决定让它滑行着陆。不过它的座舱是常规式的。飞行员至少可以坐着驾驶飞机。

到2月4日，舵面和重量计算工作都已经完成。飞机的起飞重量为2800公斤，其中武器装备的重量是110公斤。引擎直接选用V1导弹上的阿尔古斯脉冲式喷气引擎。起飞时使用2台助推火箭帮助起飞，或者干脆以压缩空气驱动的弹射器把飞机射出去。所有的发展工作都在容克公司位于德绍的工厂内进行。在不同的载重情况下，飞机的时速在680～780公里之间。升限7000米，作战半径大约300公里。火力方面，EF126与Hs132差别不大。2门MG151型20毫米火炮，每门

▲ 容克公司的EF126，动力部分明显取自V1导弹。

火炮备弹180发。机翼下可挂载反坦克火箭弹。当然也可挂载各类炸弹。

盟军于1月16日和3月8日2次对德绍的容克工厂进行了猛烈空袭，工厂被迫疏散转移，导致EF126进度迟缓。至少有1个完整的EF126的模型被制造出来。到4月初，军方又命令容克公司必须将改进20架Ju290运输机作为远程轰炸机的任务放在最优先位置，再次打乱了时间表。4月21日，美军抵达德绍，一切都结束了。

战后，美军撤出德绍。苏联人来了。他们带走了包括容克公司总设计师在内的大批技术人员，以及一切可以找到的资料和部件，并以此于1947年制造出了至少5架原型机。其中1架使用苏联仿制的引擎。但是到1948年整个项目被放弃。

导弹／火箭项目

V1巡航导弹和V2弹道导弹是第三帝国导弹研究领域的初步成果，也是最简单的产品。毕竟，地对地导弹的技术层次相对较低。只需要确定目标点和发射点的地理坐标，进而确定两者之间的相对位置，剩下的工作就是计算距离并设定一条合理的抛物线弹道。然后，只要导弹的引擎和陀螺仪能够维持一段较短的运转时间，确保导弹沿着预设的轨道飞行即可。然而正如V1和V2所表明的那样，在缺乏大规模杀伤性手段和精确制导技术的时代，远程导弹空袭缺乏明显的军事价值，只能作为一种政治恐吓工具。要想让导弹成为真正高效武器，那么就不仅需要为其安装可靠的动力系统，更重要的是为其安装1个制导装置。只有这样，才能使导弹命中战场上的移动目标。亨舍尔公司的Hs293型空对地导弹堪称这方面的典型。

▲ 德国空军装备的 Bv246 型滑翔炸弹，其整体外形颇似现代空军装备的远程攻击弹药。但在当时，由于缺乏精确制导技术，这种武器仅适合在战场上空播撒毒气。

▲ 挂载着 3 架 Bv246 的 He111 型轰炸机

到战争末期，德国人甚至为 Hs293 导弹研发了电视制导装置。尽管如此，从 1945 年 1 月开始，Hs293 的使用数量还是大幅度减少。专门用于发射制导武器的 KG100 联队也宣告解散。这首先是因为燃料短缺，使得有限的燃料供应必须用于更急需的作战行动。此外，在西线，由于英美军队都拥有强大的电子战实力，所以无线电遥控的制导武器已经被淘汰。这些落后的产品现在只能被用于东线战场，因为红军在电子战领域仍然极为落后。但是随着德国空军丧失了战场制空权，即便是在东线战场上，德军轰炸机的战场存活能力也越来越成为问题。这些空对地导弹被迫逐渐淡出。

显然，此时的德国，更加需要的是地对空导弹和空对空导弹。只有重新掌握制空权，才能扭转战争的总体形势。事实上，从 1943 年开始，德国的导弹研究已经将重点转向地对空导弹和空对空导弹领域。到 1945 年，其中许多项目已经有所眉目，给绝望中的人们带来了些许希望。

德国的火箭研发工作可以追溯到魏玛时代。但是用于防空目的的火箭研发工作相对迟缓。迟至 1941 年夏季，德国空军高层似乎还没有理由为自己的空防问题过分操心。戈林认为，Me109 和数量充足的高射炮已经足以应付当前的防空作战需求。但是高射炮部队已经产生危机意识，并因此成为防空导弹的忠实拥护者。理由在于，现有的高射炮所取得的战果与其消耗的炮弹不成比例。据估计，每击落 1 架敌机，德军需消耗 16000 发 88 毫米高射炮炮弹；或者等效于 6000 发 105 毫米高射炮炮弹；又或者 3000 发 128 毫米高射炮炮弹。而且任何有远见的人都会意识到，随着技术的发展和飞机速度的增加，情况还会继续恶化。如果用地对空导弹取代高射炮，1 发导弹就能击落 1 架敌机。作战效能无疑将大大提升。

当然，这种转变中无疑蕴含着巨大风险。这不仅是兵器本身的变化，更涉及作战方式的转变。最明显的，现有的高射炮射击所惯用的对目标的距离和高度的预测模式，将会被雷达引导的导弹射击所取代。这样的转变过程涉及无数技术难题。如此风险不能不令德国人谨慎从事。

只是从 1942 年开始，随着盟军对德国的

▲ 保卫第三帝国的天空。密集的高射炮火形成的壮观景象。但是从效率角度看，这无疑会造成巨大浪费。

战略空袭压力与日俱增，研发地对空导弹的问题变得急迫起来。1942年5月5日，军备生产部长施佩尔发表讲话，要求全力以赴开发防空火箭和导弹。此时，相关的研发工作仍然进展缓慢。包括不同项目的设计工作，测试设施的建设等等，进度迟缓。1942年9月1日，戈林在与高射炮部队高级军官的谈话中首次提及了防空导弹的问题。这是一种固体燃料火箭，并且要为其加装制导系统，最终需要安装1个独立的目标制导系统。基于此次谈话精神，OKL开始制定相关的战术细则和技术指标，从而为研发工作提供方向性的指导。此时的戈林已经转变态度。他正确的预见到，3～5年之后，防空导弹将会是唯一有效的对抗敌方远程轰炸机的地面防空系统。

1个月之后，军方制定了一项为期5年的导弹发展计划，并迅速传达给了位于佩内明德火箭研发基地。研发工作由"火箭男爵"冯·布劳恩具体负责。1942年10月22日，OKL完成了相关技术和战术细则的制定工作。军方要求这种火箭拥有1个目标寻的器，即通过无线电遥控的方式准确命中敌机。动力方面最好是两级固体燃料发动机。弹头装药100千克。10月27日，1支测试部队在佩内明德组建完毕，但是此时仍无任何可供测试的样品。

布劳恩经过考虑，决定在V2导弹的原型A4型火箭的基础上，通过缩小尺寸，设计一种防空火箭。此时的A4型火箭已经相对成熟。以其为基础，技术风险较小，且能够尽快拿出产品。技术人员认识到，最大的技术难题在于制导系统，为此考虑了各种可能的方案，包括移植夜间战斗机所使用的"明石"机载雷达，红外线导引头，以及安装1个信号接收器，利用接收敌方机载雷达发出的信号，从而追踪目标等等。

然而由于钢材供应不足，相关的测试设施的建造工作裹足不前。直至1943年2月17日，戈林下令加快项目进度。很快，OKL批准了总额50万马克的研发预算。此后，工程进度又受到劳工数量不足的影响。建造测试设施的工作一直拖延到7月份，才正式上了轨道。而研发人员的不足问题，则通过与陆军协商，将部分A4火箭团队的人员转入空军的研发团队才算解决。

1943年8月18日，佩内明德基地遭到空袭，损失巨大。德国人曾考虑转移研究基地，

▲ 发射架上的"火百合"，研发工作始于1940年，堪称德国地对空导弹的先驱者。这是一种远程遥控火箭，第一枚原型弹于1943年完成。截至1944年中，至少进行了4次发射试验。此时，由于不可预知的技术困难，加上其它类似项目进展较为顺利，"火百合"的优先权被降低，以为后来者让路。

但是最终还是未做任何改变。1943 年 9 月初，技术人员基本就位。到 12 月，工作已经取得明显进展。此时，至少有 5 种导弹已经完成了初步设计，它们被分别冠以"火百合"、"龙胆"、"蝴蝶"、"莱茵女儿"和"瀑布"的名称。按照规划，"莱茵女儿"和"瀑布"将是超音速导弹；而"龙胆"和"蝴蝶"则是亚音速导弹。而"火百合"似乎经历了一个从亚音速到超音速的演变过程。"火百合"和"莱茵女儿"在这个月进行了首次发射试验。而"蝴蝶"和"龙胆"的发射试验也将在几周内开始。当然，这些早期的试验发射都是用于测试导弹的飞行性能和动力系统的可靠性，尚未触及最困难的制导技术问题。在此期间，施佩尔领导的军备生产部门取得了导弹研发的管辖权。

1944 年 8 月 1 日，施佩尔再次要求加速火箭的制造工作。因为现有的高射炮消耗的炮弹太多，这种消耗占据了相当的军火产量。与此同时，防空导弹的研发工作正在全力以赴。8 月 18 日，OKL 提交了由专家设计的能够追踪敌方机载雷达信号的寻的器设计图。这种寻的器可以追踪到英国皇家空军引以为自豪的 H2S 型机载雷达的信号。也是在这个月，德国人决定，在诸多研发项目中，"瀑布"和"蝴蝶"被认为是最有前途，应加快研发进度。当然，其他导弹项目也被批准继续进行。为了准备导弹的量产，布痕瓦尔德集中营被专门指定提供必要的劳工，建造地下生产设施。数以千计的囚犯死于这项工程。

1944 年 10 月 30 日，施佩尔在佩内明德亲眼看见了 2 枚"瀑布"导弹的飞行试验。他立即下令要进一步将导弹的速度提升到超音速的水平。此外，他也对"莱茵女儿"导弹项目给予了关照，尽管他没有亲眼看一下

相关试验。而"龙胆"和"蝴蝶"这 2 个亚音速导弹项目，也必须尽快进入实用化阶段。为了加快进度，节约资源，德国人还决定，"莱茵女儿"和"龙胆"使用同样的发射架。"瀑布"则继承了 V2 的特性，垂直发射，所以无须可旋转的发射装置。而"蝴蝶"的体积较小，只需要 1 个较小的发射架即可。

到 1945 年初，德国人在防空导弹领域的投资即将产生回报。1945 年 1 月 5 日，施佩尔下令尽快增强空防措施，除了继续大量生产高射炮及其相关弹药以为，防空导弹也即将进入量产阶段。但是到了 1 月 14 日，根据希特勒的命令，党卫军突击大队长卡姆勒博士接管了所有火箭武器的生产事宜。这是希姆莱将所有高技术武器垄断在自己手中的第一步。卡姆勒很快发布命令，所有在研项目都要迁移到布痕瓦尔德集中营周边地区，以方便生产。此举导致了四周的进度拖延。到 1 月底，鉴于红军已经逼近，佩内明德基地开始进行第一批疏散工作。到 2 月 17 日，佩内明德终于被放弃，所有剩下的人员和物资全部运往布痕瓦尔德。尽管希姆莱下令缩短战线、集中力量完成那些最有前途的项目，但是技术专家们预计，第一批实用导弹最早也要等到 1945 年夏天才能完成。当然，前提是战线能够稳定下来。然而这是不可能的。在此后的几个月中，研制队伍在日渐缩小的第三帝国的地盘上四处躲藏，颠沛流离，终于一无所成。

除了配备制导系统的导弹以外，德国人还研发了一系列相对简单的无制导地对空火箭。其中，除了"焚风"式无制导地对空火箭以外，其余项目全都未能来得及投入实战。这里对部分导弹和火箭项目做简要介绍。

首先是"焚风"无制导地对空火箭。这

▲ 35管连装73毫米"焚风"无制导防空火箭，依靠齐射时的密集火力而非精度发挥威力。这是美军在雷马根桥西岸缴获的战利品，背景则是美军第634防空营的一辆M16型半履带高射炮车。两代防空武器在此相遇，颇具意味。但是胜利并不属于先进武器一方。当美军抵达莱茵河西岸时，驻扎于此的"焚风"营有部分部队正部署在河西岸。由于缺乏牵引车辆，他们无法及时撤出装备。而撤退前的破坏工作看来也不是很彻底。所以美军才能有此战利品。事后，指挥这次撤退行动的彼得斯中尉受到"遗失武器和放弃阵地"的指控，被军事法庭判处死刑。为此，德军第7高射炮师师长厄哈德少将自杀，以抗议此项不公正判决。

▲ 被称为"飞行员拳头"的单兵防空火箭，堪称现代便携式防空导弹的鼻祖。

是一种地对空和空对空两用火箭。除了在地面发射架上发射以外，它也被装在Ba349战斗机上。该项目的发展较早，在1943年秋天就展开了发射试验。由于是无制导火箭，必须进行多发齐射，方有可能击中1架低空飞行的敌机。齐射的数量在18～48枚之间。

第一部发射器于1944年11月由莱茵金属公司制造，并于当月进行首次齐射发射试验。早期火箭直径只有55毫米，后来被扩大到73毫米。1944年末投入实战。在1944年12月，德国人进行了70次齐射，总共发射了5000枚火箭，至少有2次命中记录。距离在1000米左右。

"焚风"的主要缺陷在于射程有限，只有大约1250米。1945年初，首批组建的3个营级部队，部署在西线。其中1个营依靠铁路实施机动；另一个号称实现了部分摩托化的营其实只有1辆三顿级的卡车；第三个就是以固定的试验设施为基础，只能固定不动。其中摩托化的"焚风"火箭营最终被部署在莱茵河畔的雷马根附近，但是战果不明。

"飞行员拳头"防空火箭

这是另一种无制导防空火箭，是一种简单但是威力强大的武器，可以由单兵手持，攻击低空飞行的飞机。它由9根直径20毫米的钢制发射管组成，武器射程500米。原型于1944年12月15日完成。军方立即发出订单，要求尽快生产出10000具发射装置和400万枚火箭。到1945年1月21日，首批100具预生产型完成。但是早期的原型有某些缺陷，主要是发射后的震动问题无法解决。而且制造工艺也存在缺陷。火箭的喷口制造一直是个瓶颈。直至战争结束，这种武器还未能进入量产阶段。

"龙胆"导弹

由梅塞施密特公司研发的亚音速防空导弹，采用无线电遥控技术，用于攻击高空目标，为此配备了 1 个 550 千克重的战斗部。推进器是 1 台液体燃料发动机，但是还有 4 个固体燃料助推火箭帮助升空。1944 年 1 月进入全尺寸模型研发阶段。2 月份进行了第一次试射。同月，由于位于奥格斯堡的工厂遭到轰炸，被迫转移研发基地。总共进行了 38 次发射试验。这是一种昂贵的武器。每枚导弹的生产需耗费 450 个工时。但是试验表明，整个系统可靠性不足。导弹的发动机最大推力只有设计指标的三分之二。飞行稳定性欠佳。由于项目进度滞后，且所需的高价值金属短缺，最终不能量产。项目于 1945 年 1 月中止。德国人总共生产了大约 60 枚"龙胆"。其中，24 枚用于发射试验，成功率只有 30%。另有 10 枚用于地面试验。还有 15 枚被德国人自行炸毁。剩下的尚未完成组装，只是一堆零散的部件。

▲ "莱茵女儿"导弹，弹体前端还有 4 片小型弹翼。

"莱茵女儿"导弹

由莱茵金属公司开发。研制工作始于 1942 年，直至 1944 年 10 月才进入发射试验阶段。根据设计，导弹的升限可达 18000 米。但是研发工作并不顺利。主要障碍在于发动机的研发进度滞后。首批 20 台发动机的交付已经大幅度拖延，且火箭发动机的推力低于预期。截至 1945 年 1 月，整个项目已经进行了 120 次发射试验。最高升限达到了 12700 米，但是实战中的最高升限只有 9650 米。到 2 月初，由于对一再的拖延和遥遥无期的等待失去了信心，党卫军突击大队长卡姆勒博士下令中止这个项目。

◀ 在佩内明德进行发射试验的"龙胆"防空导弹。发射架明显是从高射炮炮架改进而来。

▲ 发射架上的"蝴蝶"导弹。其打击半径约为30公里，导弹由无线电制导，工作方式类似于Hs293型空对地导弹。

Hs117 "蝴蝶"导弹

由亨舍尔公司领衔研制。整个研发团队包括西门子、BMW等多家大企业。一开始，"蝴蝶"的前景似乎较其他研发项目更有希望。这是一种亚音速、遥控制导的防空导弹。起飞时，依靠2台固体燃料火箭助推器。但导弹自身的发动机使用的是液体燃料火箭。整个研发计划始于1942年，到1943年8月正式与军方签订研制合同。1944年2月15日进行了第一次发射试验。最初的4次发射试验中有3次都失败了。研究团队预计，为了消除设计中的各种技术缺陷，需要进行至少150次发射试验。

在1944年11月的一次评估会议上，"蝴蝶"较小的弹头引发了批评，认为杀伤半径太小，应该用"瀑布"导弹取而代之。但就短期而言，"蝴蝶"拥有一个轻便的移动式发射架，这比瀑布更具优势。RLM也认为，"蝴蝶"的遥控制导系统是较为成熟的产品，对于尽快量产极具意义。所以也就批准了项目继续进行。截至此时，"蝴蝶"已经进行了21次地面发射试验和15次空中发射试验。空射试验并非是为了将其作为空对空导弹使用，而是利用He111在空中投放"蝴蝶"，以检验导弹飞行过程中的稳定性。

12月份，工厂又生产出了23枚导弹，1945年1月份的产量与此接近。与此同时，德国空军高射炮部队已经决定，将"蝴蝶"作为第一种服役的地对空导弹使用。但是此时这种导弹的可靠性仍然不足。自1944年末至1945年2月间的59次地面发射试验中，只有28次是成功的。

量产也面临着问题。制造这种导弹需要某些昂贵的稀有金属，从而对量产工作极为不利。德国人计划，到1945年3月底，实现月产150枚的目标。并以此建立3个导弹发射阵地。到5月份，月产量将达到300枚。这已经是大幅度缩减以后的数字了。原计划是月产3000枚。因为德国燃料工业的崩溃导致燃料产量下降了90%。

但是计划远不如变化快。"蝴蝶"所使用的SG45型固体燃料火箭由BMW公司出品。而盟军的轰炸令该公司的工厂遭到严重破坏，交货时间至少要延迟3个月。截至3月15日，总共只制造了140枚导弹。其中80枚已经被用于发射试验，剩下的也不可能立即投入实战。它们要么缺乏引擎，要么缺乏制导部件，所以只能被存放在工厂和试验基地的仓库里。德国人随后决定将生产设施转移到德国中部的哈尔茨山中的地下工厂内。但是急速恶化的战局阻止了这些企图。4月5日，研究团队被撤往巴伐利亚，以躲避美军的兵锋。他们最终在那里迎来了战败。美国人缴获了绝大部分"蝴蝶"导弹的实物和研究资料，并且赶在苏联人到来之前将它们统统拉走。

"瀑布"导弹

尽管比"蝴蝶"导弹更大、更昂贵、更复杂，"瀑布"导弹仍被认为是战争末期德

▲ 瀑布导弹的风洞模型。整体看来，就是在 V2 导弹上增加了 4 片弹翼。当然，作为防空导弹，其尺寸肯定较 V2 导弹小很多。

国防空导弹领域里最有希望的项目。这是一种单极液体燃料火箭，遥控制导，超音速飞行，足以对抗盟军一切高空飞行器。整体而言，"瀑布"基本上算是 V2 导弹的缩小版，只是在弹体中部添加了十字舵，以增强操控性。此外火箭引擎的燃料也不同。V2 所使用的液氧在常温下很快会蒸发掉，不适合这种需要长时间待机的防空导弹使用。

研发工作始于 1942 年，最初计划在 1944 年中实现量产。按计划，1944 年 6 月应实现月产 250 枚的目标。到 9 月份，月产量应达到 1000 枚，到 1944 年底应实现月产 2500 枚的目标。而到 1945 年 3 月，就必须达到月产 7500 枚的水平。但是由于技术难题和原材料短缺，到 1943 年，军方决定首先生产 1000 枚无制导的型号，随后才开始生产 5000 枚无线电遥控制导的型号。

由于导弹本身的复杂性，"瀑布"比"蝴蝶"需要更长的测试时间，以修正原先的设计瑕疵。整个测试工作极为缓慢。1943 年 11 月，研究人员声称，首批两枚导弹发射试验将在 1944 年 3 月进行。随后半年里需发射至少 25 枚试验弹。到 1944 年底，至少需制造 100 枚

原型弹。但是到 1944 年初，预计由于石墨原料的短缺，未来的量产将受到不利影响。

1944 年 1 月 8 日，"瀑布"在地面测试中发生爆炸。2 月份，发现需对发动机燃烧室输送管道和阀门进行改进。尽管存在这些困难，"瀑布"还是在 1944 年 2 月 29 日首次成功发射。为了缓解原材料不足的问题，军方要求压缩发射试验的次数。但即便如此也必须进行至少 80 次发射试验，此外还有 20 次地面测试。在此之后，必须尽快制造 400 枚拥有初步作战能力的导弹。1944 年 6 月，首批两枚预生产型下线。

到 1944 年秋天，导弹的飞行性能已经完成测试，动力系统的缺陷也已经得到修正。但是控制系统的研发一直拖到 1945 年初才完成。德国人急切地制定了量产计划，准备到 4 月份，在布痕瓦尔德集中营附近的地下工厂内实现月产 20 枚的目标。但是大规模的量产最快也要等到 1945 年 10 月份。时间如此之晚，一切都无法挽回。

除了地对空导弹以外，德国空军也有大量的空对空导弹研发项目。与防空导弹类似，这些产品的开发，经历了一个从无制导火箭

▲ 挂在 Fw190 战斗机机翼下方的 21 型榴弹发射器，正在接受测试。这种武器既可以挂载在机翼下，也可以被置于机身下。

向可制导的导弹逐步演进的过程。但除了无制导的 R4M 型空对空火箭以外，其余的都未能参加实战。这里对这些夭折的武器做一个简单介绍。

首先是无制导的空对空火箭。其中第一个是 21 型榴弹发射器。这是一种 210 毫米直径的火箭。从 1944 年 5 月开始进入发展阶段。内置的 95 千克的固体火箭燃料可以燃烧 1.3 秒钟时间，将弹体推进到时速 590 米的水平。1944 年秋天对弹丸进行了测试，试验于 1945 年 1 月完成。到 1945 年 2 月底，首批 1000 枚已经完成，但这只是一种过渡性兵器。预计在 Me262 的两侧机翼下各自挂载 1 个这种火箭，

用于对敌方重型轰炸机编队射击，目的不是直接击落目标，而是将其编队打散，以利于进一步的攻击。它也可以由 Me109 或者 Me110 携带，但是实战效果不理想，发展工作没能持续下去。取而代之的是 R100 型火箭。

该型空对空火箭比 21 型榴弹发射器更重。因为战斗部装药更多，威力更大。这种武器的发展始于 1943 年，原型弹的速度已能达到马赫数 1.5。这种火箭被挂在 ETC50 型挂弹架下面，并且为其开发了专用瞄准装置。1944 年 12 月，R100 首次成功试射。军方于 1945 年 1 月订购了 500 枚用于进一步的实验。Me262 可以携带 5 枚，Me410 可携带 6 枚，Ar234 最多可挂载 16 枚。火箭弹头一旦爆炸，可以释放出 400 个 56 克重的高热弹片，足以覆盖 1 个 100 ~ 1000 平方米的区域，这些弹片足以击穿敌机的油箱，并引燃里面的燃油。但是飞行员们普遍认为，这种火箭不够安全。1945 年 3 月，位于柏林的生产工厂毁于空袭。而位于德雷斯顿的瞄准仪器工厂随后也被摧毁。研发工作无以为继。在战争结束时，有少量样品被英军缴获。

▲ X-4 型空对空导弹，雪茄型单体上配有十字形舵面，最大射程 2700 米；由战斗机发射，有线制导。

X-4 型火箭

与先前的无制导火箭不同，X-4 型火箭采用有线制导模式，是一种更高级的武器。相关的研发测试工作持续到了战争结束。Me262 至少有一次携带这种导弹进行了飞行试验，机翼下方两侧各自可挂载 1 枚导弹，但是从未进行空中发射试验。德国人计划以 ETC70 型炸弹挂架携带 X-4 型导弹，每侧机翼下挂载 1 ~ 2 枚导弹。

根据 1944 年 10 月 30 日施佩尔下达的尽快投产的命令，德国人计划实现月产 5000 枚的目标。到 1945 年 1 月，德国人已经制造了 950 枚导弹的弹体。但是导弹引擎是在 BMW 公司位于切什青的工厂生产的，该工厂先是毁于轰炸，然后尚未等德国人将其重建，俄国人就在 2 月份占领了这里。一旦短期内量产无望，军方迅速转向更有希望的 R4M 型火箭。

Hs298

在 1941 年 11 月 5 日的一次会议上，亨舍尔公司的 Hs298 被定为 X-4 型导弹的换代产品。Me262 每侧机翼下可挂载 2 ~ 3 枚。这种导弹的研制始于 1943 年。1944 年 12 月 22 日进行了首次成功试射。发射飞机是 1 架 Ju88G 型夜间战斗机。OKL 立即要求亨舍尔生产 2000 枚。1945 年初的试验表明，导弹的飞行平稳，且控制系统工作稳定，但是不利之处在于这种武器造价较高。1945 年春天，首批 135 枚导弹的生产开始。这种导弹的优

▲ 外形怪异的 Hs298 导弹

点之一就是，其引擎设计引入了模块化的理念，这在当时绝对是创新性的。它也是第一种从导轨上发射的导弹，此种发射方式先前仅用于发射无制导的火箭。导弹弹体内置了 1 个小型发电机，所以无须携带电池。

Hs298 拥有 1 个 45 千克重的战斗部。射程 5500 米。速度约为每秒 250 米。到 4 月中旬，135 枚导弹中已经完成了约 100 枚，但是所有这些成品和半成品最终都被炸毁，以阻止它们落入红军的手中。后者现在已经打到了柏林外围，威胁到了柏林郊区的温思多夫工厂。

事后看来，德国人的导弹研发工作很难被视为成功。除了 R4M 型空对空火箭以外，所有空对空导弹和火箭的研制，全部未能产生效益。第一代地对空和空对空导弹都有着很多技术缺陷，很难大规模运用。大多数导弹都不可能自动飞向目标，而必须寻求目视引导。导弹的引信也是触碰式的，必须直接命中才会爆炸。操作者必须全程追踪目标，并引导导弹飞向目标。这就要求，只有好天气才能使用这些导弹。夜晚和不良天气条件下，无法发挥这种武器的威力。

而且，蝴蝶和瀑布都采用无线电制导方式，类似于 Hs293 型空对舰导弹。但是这类无线电制导很容易受到干扰。盟军此时已经开发出了机载干扰系统，以干扰导弹的制导工作。

X-4 型空对空导弹是有线制导的。可以不受电子干扰影响，但也有其他问题。飞行员在发射导弹之后的 15 秒内，都不能做任何机动飞行，而必须朝向目标保持直线和水平飞行姿态，直至导弹命中目标为止。如果飞机实施任何机动，制导就会中断，导弹攻击就会失败。考虑到敌方护航战斗机的威胁，这样的要求在残酷的战场上未免太过奢侈。也许将相关技术用于开发反坦克导弹会更为实际。

火箭战斗机

事实上，早在1941年防空导弹研发起步阶段，德国人已经充分预见到此种新式武器的技术困难。因此，在1941年12月6日的会议上，最终决定优先研发依靠火箭推进的截击战斗机。这种战斗机的第一代产品就是Me163。尽管人们一般把它视为飞机，但是从其技术特征和作战方式看，它更接近于"有人操纵的防空导弹"的概念。毕竟，这种飞行器飞行时间和距离都很短，只能部署在需要防御的目标周围，在地面引导设备的支持下攻击来犯者。它与导弹的主要区别在于它是有人驾驶飞行器，且飞行员不必与目标同归于尽。在制导武器发展成熟之前，优先发展这种"有人操纵的防空导弹"式的火箭战斗机，是一个合乎逻辑的选择。

但是Me163在1944年夏天获得的作战经验表明，火箭战斗机有着显著的缺陷：它的飞行时间本来就短，再考虑到飞行员必须返航着陆，可供作战的时间极为有限。而有限的滞空时间使其难以组织大规模协同作战。每架飞机都必须抓紧时间，在燃料耗尽之前投入冲锋。这经常使其陷于孤军奋战的境地。而一旦燃料耗尽，Me163就变成了1架滑翔机，更容易被敌方战斗机捕捉。而且从技术上看，火箭引擎飞行器可靠性不足。无论是在加注燃料、起飞还是降落时，都伴随着巨大风险。此外，由于盟军的空袭，德国的化学工业系统惨遭重创。无论是导弹还是火箭战斗机，它们所需的特种燃料供应面临着巨大缺口。

尽管如此，德国空军和党卫军都对袖珍战斗机寄予厚望。至少理论上，低廉的成本使得这种小型战斗机具有很高的效益。较轻的重量又有助于量产规模。战争末期的德国空军，受限于日益紧张的资源问题，越来越倾向于依靠新技术缓解资源困境。在德国空军的防空战略设想中，1个理想的防空体系应包括诸如Me262这样的喷气式战斗机、用于要地防护的火箭战斗机以及防空导弹。而由于喷气引擎供应不足，防空导弹又远水不解近渴，那么火箭战斗机的重要性是不言而喻的。

当然，Me163所暴露出来的缺陷必须予以正视。解决方法不外乎3个：第一，直接利用现有的较为成熟的大型战斗机的机体，为其换装火箭引擎；第二，研发新的体积更大的火箭动力飞机，使其携带更多的燃料，以延长滞空时间；第三，利用诸如"槲寄生"子母飞机等手段，改进火箭战斗机的起降方式，以便将更多的燃料用于作战，同样可以起到延长滞空时间的效果。德国人最终决定沿着这3条路线同时推进。第一个解决方案的代表作就是Me262c型战斗机，即换装火箭引擎的Me262。第二个解决方案催生了Me163的升级版Me263/Ju248项目。最后一个方案导致了一系列五花八门的研究计划，包括阿拉多公司的E381项目、海因克尔公司He P1077"朱莉娅"以及最为奇特的Ba349"蝮蛇"。

Me262c型战斗机的研发时间较晚，直至1945年3月才开始，当然不可能完成。Me263的研发时间较早，可以追溯到1944年夏季。由于OKL希望梅塞施密特公司集中力量发展Me262，遂把Me263的研发工作交给了容克公司。项目也随即更名为Ju248。其主要特征在于拥有更长的滞空时间，以及1个可收放的起落架。第一架原型机于1945年1月开始组装。但是因引擎体积较大，机身不得不延长0.5米，由此带来的设计改动导致项目进度严重拖延。迟至 1945 年 3 月初，容克公司承认项目进度落后。由于还需要等待引擎、起落架等部件，第一架原型机的组装不可能迅速完成。为向日本转让技术所准备的文件，也大多毁于空袭。考虑到当前情况下，火箭燃料已不可能保证供应，OKL 最终于 3 月 20 日决定中止项目。1945 年 4 月 24 日，德绍的工厂被美军占领，大部分 Ju248 的文件都被美军缴获。但是 2 架原型机在被占领之前已经被炸毁。

这里着重介绍第三条道路所催生的一系列小型火箭战斗机。

阿拉多 E381

从 1944 年夏天开始，德国空军对于火箭战斗机的关注度明显提升。阿拉多公司迅速响应了军方的需求，推出了 E381 项目。这是 1 架小型飞机，全长只有 4.95 米，翼展也不过 8.5 米。设计人员认为，较小的体积有助于在敌方防御火力面前增加生存概率。而且较小的机身也有助于节省防护所需的材料，进而提升性能。整架飞机只在座舱和引擎部位设置了装甲。由于机身实在太小，很难容纳 1 个大型油箱，势必对滞空时间造成不利影响。所以这种飞机在空中只有一次冲锋的机会。为延长留空时间，阿拉多公司建议军方，以该公司正在发展中的 Ar234C 型轰炸机作为母机，将 E381 挂载上天，在接近目标时再释放子飞机。整个过程类似于日本轰炸机释放他们的樱花自杀飞机。一旦脱离母飞机，E381 将以自身引擎加速，以高速度向敌方轰炸机群发起俯冲攻击。

E381 将携带 1 门 MK108 型 30 毫米航炮，备弹 45 发。航炮设置在机身背部。飞行员受到防弹玻璃制造的风挡的保护。通过无线电与母机联络。由于子飞机必须被挂载在母机的机腹下方，子飞机的高度必须受到限制，所以飞行员只能采用俯卧的姿势驾驶飞机。返航时，飞机必须依靠降落伞减缓滑跑距离，使其可以利用较小的空旷地域。这些区域最好是高速公路，滑翔机降落地点，或者就是平坦的旷野。

E381 采用模块化的设计理念，可以很方便地加以分解。一旦降落，飞机可以很容易

▲ E381 的飞行员是俯卧在狭小机身中的

地拆卸成3个主要部分：主翼、尾翼和包括座舱和引擎在内的机身。而且出于方便维护的考虑，机身部分也可以方便拆卸。1辆卡车可以同时运载2架分解之后的飞机，把它们迅速运回基地。

较低的价格，易于组装和分解，再加上即将完成的 Ar234C 系列轰炸机，使得这个研发项目中初期看似很有前途。1944年12月5日，阿拉多公司将全套项目方案交由军方审查。但是最终结果极为失望。整个 Ar234 的发展计划都只具有较低的优先权，排在 He162 和 Me262 之后。到1945年3月27日，整个计划中止。

除了阿拉多的 E381 之外，其他公司和机构也提交了许多类似的发展项目。DFS 的研究编号为 So334。这是一种由木材制造，以火箭引擎为动力的飞机。它将由 Fw190 或者 Me262 牵引升空作战。梅塞施密特也有类似计划，如 MeP1103 和 MeP1104。前者与 E381 大同小异。后者使用 V1 导弹的机翼。根据维利·梅塞施密特的说法，他的方案的优点在于制造简便。每架飞机的制造，只需要650个工时即可完成。这么少的工时数甚至低于 Me163，可以轻易实现月产1000架的目标。对比之下，制造1辆虎式坦克需要25万工时。福克伍尔夫公司的方案更有特色。飞机将不携带武器，而是配备了1个装甲机头，实施空中撞击。飞行员通过拉动1个爆破索，实现座舱与机身的分离，然后再依靠弹射座椅跳伞逃生。但这种飞机同样不可能依靠自身动力飞抵目标区域，而只能依靠母机携带。

所有这些方案都无疾而终。因为到1944年底，使用"榭寄生"子母机的方案已不具现实性。子母机本身重量较大，影响操作性能，

在战斗中的生存能力成疑。很可能母机尚未投放子机，自身已经被敌人击落。此时 OKL 更加关注那些依靠自身动力独自爬升的袖珍战斗机。

1944年，德国人对火箭战斗机相关技术做了大量研究。试验表明，通过导轨实现从地面的垂直起飞是最可行的方案。以此为基础，德国人制定了大量的工程方案。其中最著名的，就是海因克尔公司的 P1077 "朱莉娅"和 Ba349 "蝮蛇"。

海因克尔 P1077 "朱莉娅"

"朱莉娅"的设计始于1944年春天。8月19日，公司向军方提交了整个设计方案。预计第一架原型机将在6～8周的时间里制造出来。但由于一系列技术问题，工程进度受到拖延。主要技术困难在于起飞。最初打算采用类似于 V1 导弹那种依靠倾斜放置的滑轨进行起飞的方式，但是最终在军方的建议下，改为采用 Ba349 的技术。这意味着必须修改"朱莉娅"的后部机身设计。最终，与 Ba349 一样，"朱莉娅"在起飞时需使用4个 SG34 固体燃料火箭作为辅助动力。在1944年10月，第一个木制模型终于完成。

1944年11月21日，在 OKL 与航空工业界举行的会议上，与会者们一致认为，火

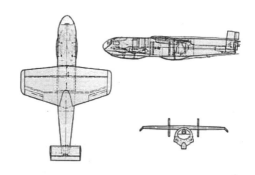

▲ 海因克尔 P1077 "朱莉娅"。这是一号设计方案，与 E381 类似。

箭战斗机将是 Me262 的有力补充。考虑到 Me262 正在计划以辅助的火箭动力提升其起飞性能，火箭战斗机的优先权只能屈居其后。其中"朱莉娅"的优先权相对较高。价格更昂贵的 Me263/Ju248 屈居第二；而技术上更激进的 Ba349 位列第三。

也是在 11 月，"朱莉娅"的模型接受了吹风试验，没有发现设计上有什么大毛病。理论计算表明，飞机升限可达 15000 米。武器包括 2 门 MK108 型航炮。每门炮备弹 40 发。考虑到飞机将只在基地周围使用，也是为减轻重量，飞机将不安装无线电设备。

12 月 13 日，原型机的蓝图已经完成。预计首架飞机的交付时间为 1945 年 1 月 24 日。而在此之前，军方已经下了 300 架的量产订单。在短短数月之内，海因克尔不仅完成了 He162 的设计工作，同样也没有把"朱莉娅"给落下。但是就在此时，军方高层又起争执。一些人坚持认为应集中力量发展 Me262 和 He162，不应再在这些袖珍战斗机身上浪费资源。理由是，考虑到这些飞机所具有的高速度，再加上为节约稀有金属原料所大量采用的木制和钢制结构，那么预计在高速飞行时，这些飞机都将具有不可避免的结构性缺陷。终于 1945 年 1 月 5 日，海因克尔公司接到命令，中止"朱莉娅"项目。尽管海因克尔还在设法力争，但是最终根据军方的严令，所有资源都必须向 He162 集中，特别是尽快制造 He162 的训练机型。

此后，海因克尔还在调动公司内部资源继续推进"朱莉娅"项目。而军方对此抱着睁只眼闭只眼的态度，但是最终还是无果而终。到 3 月初，2 架原型机已经开始组装，并且在战争结束之前完成。但是无人知道，它们是否曾经试飞。进一步的生产计划遭到参

与生产的奴隶劳工的破坏，当时他们得知美军即将抵达。而战后，生产区域划归苏军占领。他们攫取了所有能找到的技术资料。

Ba349 "蝮蛇"

Ba349 蝮蛇是另一种与"朱莉娅"平行的发展项目。源自于 1944 年 7 月 15 日 RLM 关于轻型局部战斗机的招标工作。这是一种更加简单的战斗机，是一种完全依靠火箭武器作战的飞机。

一开始，"蝮蛇"的研发进度甚至要快于"朱莉娅"。但是工业界和军方内部，都有人反对"蝮蛇"。理由是垂直起飞方式并不实用。只是由于党卫军的全力支持，"蝮蛇"项目才得以坚持下来。也是在党卫军的支持下，该项目的研发团队得以扩充，最终总人数达到 600 人。具体的发展工作交由空军负责，党卫军则提供一切可能的后勤支持，包括劳动力、运输问题和原材料供应。而空军也已经从 Me163 的发展项目中获取了有关经验，从而可以加速项目进展。为此还另外调用了 1 架 Me163，用于测试"蝮蛇"的火箭引擎。测试表明，"蝮蛇"可以以每秒 200 米的速度攀升到 10000 米的高度，并且在此高度维持 30 秒的作战时间，然后飞机就必须以每秒 250 米的速度下降脱离。

从 1944 年 9 月开始，DFS 对"蝮蛇"的模型进行了一系列空中实验，以检查其气动性能。最终设计于 10 月份定型。"蝮蛇"拥有 1 个可拆卸的机鼻，1 个重复使用的机身，包括引擎和尾翼部分。飞机的最高时速可达 1100 公里，但是持续速度最多只能维持在 800 公里。

作为一种点防御截击机，"蝮蛇"的作战模式与 Me163 类似。起飞时，"蝮蛇"的机身后部绑定 4 枚 SG34 型助推火箭，通过 1

个长约 25 米的发射架发射，然后迅速爬升到截击高度。它的升限可达 16000 米，足以满足作战需求。

"蝮蛇" 不是自杀飞机，所以座舱周围都布置有装甲，足以抵御美军 12.7 毫米口径的机枪子弹。飞行员借此保护靠近目标。而一旦接近并瞄准 1 个目标，他将一次性射出所有空对空火箭，然后脱离返航。一旦摆脱了敌人的追击，飞行员就关闭引擎以减速，同时降低高度。当飞机降至 3000 米高度并且完成减速之后，飞行员将拉动 1 个分离爆破索，飞机的引擎部分将分离开来，依靠降落伞着陆并被回收。而飞行员本人也将跳伞。两者都将得到回收和重复使用。其余的部分大多使用木头和其他非战略资源建造，将任其坠毁。

"蝮蛇" 独特的起降模式使其成为 1 架半消耗性的飞机。它的好处在于，飞行员无须学习飞机起降技能，从而大大压缩训练时间。德国人希望，"蝮蛇" 的飞行员只需要

20 小时的飞行训练，即可执行任务。这也是 "蝮蛇" 的主要卖点所在。

原设计中，飞行员应采用俯卧的方式坐在座舱内，但是最终，还是改回了正常的座位模式。武备安排则经历了多次演变。军方最初希望在 "蝮蛇" 的机身前端安装 65 毫米口径的 RZ65 型空对空火箭。但是测试结果不理想。在距离目标 200 米处发射的 20 枚火箭中，只有 1 枚命中目标，且只造成目标的轻伤。另外 19 枚命中点距离目标足有 20 米的距离。显然火箭精度欠佳。于是，安装火箭的计划被搁置，德国人又回到常规方案上来，即安装 2 门 MK108 型 30 毫米航炮。此外，R4M 型空对空火箭也在考虑之列。

根据计算，在接近敌机编队时，"蝮蛇" 起码拥有与 1 架普通战斗机相似的战斗力。为了打下 1 架敌方的四引擎轰炸机，它需要至少 2 门 Mk108 型航炮和 60 发炮弹；或者是 28 枚 R4M 型空对空火箭。MK108 的射程只

▲ Ba349 "蝮蛇"

▲ Ba349"蝮蛇"的武器特写：24 管联装的"焚风"火箭发射槽。它的上方就是简易的"三点一线"式的瞄准具。

有 150 米，而 R4M 的射程约为 400 米。但是这两种武器都必须优先供应给 Me262 这样的主战飞机。最终，德国人决定为"蝮蛇"安装"焚风"无制导火箭。

1944 年 12 月 14 日，"蝮蛇"进行了首次无人驾驶实验。虽然 4 枚绑在机身上的助推火箭会产生推力不均匀的现象，但是首次试飞还算成功。然而在 18 日，因引擎故障导致飞机失火焚毁。尽管试验不顺利，党卫军还是提升了"蝮蛇"的优先权。12 月 28 日，另 1 架原型机在进行无人驾驶试飞时成功达到 3000 米高度，但是因降落伞未能打开而着陆失败。但是与此同时，发射塔的建设工作却开始滞后，因为所需的建筑水泥供应不足。

1945 年 2 月 14 日，"蝮蛇"进行了首次有人驾驶飞行，不过飞机是从 He111 上投掷的，而不是从地面发射的。发射高度为 5500 米。在 3600 米高度时，"蝮蛇"的速度达到了 600 公里。最终，飞机在多瑙河畔的一块松软土地上安全着陆。

到 1945 年，随着"蝮蛇"项目的进展，党卫军已在策划其第一次大规模作战行动。这次行动将由 I/KG200 执行。1 名高射炮军官负责进行地面控制，并为飞机指定目标。一旦由地面高射炮部队发现目标，飞行员将启动机载系统，并向地面报告准备就绪。与此同时，地面控制站将计算来犯敌机的航向和方位，并据此调整发射架的指向。起飞的第一阶段处于自动飞行状态，然后才会切换为飞行员手动操纵，此时即必须严格计算时间和燃料消耗程度。首先需要仔细操作引擎，增加推力。此过程大约需 4 ~ 5 秒钟，然后把握住操纵杆和踏板。待攻击命令下达后，飞行员才能发起最后冲锋。这样一个过程从未真正实现过。

此次作战行动原定于 3 月 1 日实施，将有 10 架飞机参战。此次行动需要大量的准备工作，包括 6500 升公路运输所需的燃料；2500 升 C 燃料和 5000 升 T 燃料。党卫军不得不设法搞到了 7 吨褐煤，以制造所需的燃料。但是到 3 月 1 日，"蝮蛇"才进行首次有人驾驶情况下的地面发射试验。

德国空军少尉飞行员洛塔尔·希伯尔负责驾驶飞机进行此次试验。此人从去年底开始加入到这个项目中，深知其中风险。但他别无选择。由于早已被军事法庭判处死刑，他现在必须戴罪立功。但是至少，格莱姆将军将他自己的铁十字勋章赠予了希伯尔，并晋升他为中尉。现在，希伯尔中尉成为世界上第一个进行垂直起飞的飞行员，并为此送了命。当他的飞机在云层中失去方向时，他试图爬出机舱跳伞逃生，但是脊椎骨撞击到了舱盖，导致重伤不治而亡。也有人认为，他是因为头部撞击到舱盖导致死亡。这次事故导致 Ba349 的作战行动再次推迟。

显然，必须进行更多的实验。德国空军提供了更多的技术帮助，因为党卫军缺乏这方面的专家。后者的专长在于搜集燃料、人力和物资，以便继续推进这个项目。迟至

▲ 当希伯尔跨进座舱时，他也就踏上了一条不归路。是勇敢？还是无奈？这张照片具有一定的误导性。按照设计，作战时的"蝮蛇"并不是垂直发射的，而是像萨姆2导弹那样，倾斜的发射架指向敌机来袭方向，将飞机发射出去。

1945年4月，相关试验仍在进行。截至此时，"蝮蛇"总计进行了大约20次垂直起飞试验和至少5次成功的拖曳飞行试验。至少有10架原型机毁于飞行事故，有2架毁于引擎火灾，还有1架是在发射架上被烧毁，此外飞机的降落伞也不可靠，经常导致着陆失败。但是更进一步的研究已经不可能。但是随着盟军地面部队的推进，研制队伍必须准备转移到巴伐利亚，并在那里迎来了战败。而尚在生产线上的大约30架飞机最终也落入敌手。

另有资料记载，在1945年4月，党卫军终于在斯图加特附近建造的第一个发射阵地上安装了10架Ba349，准备实施已经长期拖延的"蝮蛇"的首次战斗行动。但是它们迎来的首批敌人不是美军的重型轰炸机，而是正在向前推进的美军地面部队。于是，发射架和飞机都被炸毁，以免落入敌手。

也许有人会问，为什么直至1945年德国人还未意识到他们已经输掉了战争？还在从事那些不可能在短期内拿出成果的研究？是基于个人对国家的忠诚？抑或只是不愿面对现实？或者还有其他个人原因？其实答案只有一个。从将军到普通士兵，人们的心中只有一个想法，即战败并非终结。虽然已经到了1945年，但是绝大多数德国人对于同盟国此前提出的"无条件投降"的要求，并无具体概念。大多数人对于"战败"的理解还停留在1918年。当时，"虽然皇帝不在了，但是将军们还在。"在许多普通的德国人看来，这次也是一样。也许希特勒和整个纳粹政府会消失，但是德国空军、德国的航空工业将会幸存下来，即便在未来的一段日子里，他们会受到强有力的约束。所以，推陈出新的研究活动是必要的。

空军领导层中的大多数人自问并未卷入到战争罪行活动，他们只是在履行自己的工作，所以对于未来的前景并不显得过于担忧。而对于德国航空工业界而言，许多所谓的研究项目，其意义仅限于保护了研发人员，使他们免于被征召进纳粹人民突击队，徒劳地冲向红军的坦克，白白送命。这样的愿望也非常符合各个企业制造商的利益。无论如何，企业总需要维持一个核心的管理团队和技术精英团队。只有当炮火覆盖了厂区之后，生产才会终止，相关人员才会被疏散到尚未被占领的地区。当然，那些奴隶劳工和集中营囚犯们是不在此列的。

只要生产线还能继续运转、只要还能得到哪怕1桶燃料，那么飞机就还会飞行，所有人都会一如既往地工作，一切还会继续维持。人们只是简单地回避对未来的思考，而坐待命运的降临。直至1945年4月，随着末日降临，这台战争机器才逐渐停止运转。

|第五章|

走向深渊

进入 1945 年，形势已很明显。第三帝国正在输掉这场战争。同盟国军队从东西南 3 个方向向着德国本土进发。2 月 10 日，在柏林举行的一次高级别会议上，与会的空军高层官员们首次承认，他们正面临着绝望的形势。

这首先体现为燃料供应状况的恶化。现有的燃料工业正在盟军的轰炸下沦为瓦砾。而去年夏天开建的新燃料工厂仍不能投产。与会者估计，如果形势照目前的趋势发展下去，到 3 月底，他们将不可能再依靠现有的燃料工业获得补给了。而正在建设中的地下燃料工厂至少也要等到秋天才能投产。而且即便到那时，新工厂的产能依然有限。

1945 年 1 月份，德国陆军的燃料储备只相当于 1944 年 1 月份储备量的 28%。按照这个趋势计算，到 1946 年 1 月，陆军每月的燃料配额只有 50000 吨。前提是正在建设中的

位于奥地利特劳恩湖畔的地下燃料工厂不仅能及时完工，还必须保证地面交通的畅通，否则没有原料供给的工厂依然无法运转。而现实是，红军正在逼近维也纳附近的其斯特斯多夫油田。在丢失了匈牙利以后，这里是日渐缩小的第三帝国手中仅存的一块油田了。

空军的燃料形势更为严峻。1945 年 1 月的储备量仅相当于 1944 年 1 月份储备量的 6%。预计从 1945 年 2 月起，直至秋天地下燃料工厂投产为止，在这期间的 7 ~ 8 个月里，德国空军总共只能获得 16000 吨航空汽油和 43000 吨航空煤油。这意味着，每月的消耗额只能限制在 2300 吨航空汽油和 6000 吨航空煤油。如此有限的配额甚至不能满足最低限度的作战和侦察行动的需要。到 1945 年初，在燃料供给的优先顺序上，侦察机排在首位。其次是战斗机，再往下是战斗轰炸机。闪电战全盛时期大显身手的轰炸机部队如今已经

排不上号。只有少量喷气式轰炸机尚能维持作战能力。

　　进而，有限的燃料供应势必迫使空军压缩其装备规模和数量。喷气式飞机的生产将被置于绝对优先地位。这不仅是基于军事理由，也是基于后勤考虑。只有喷气引擎才能使用较容易获得的航空煤油。而必须使用航空汽油的活塞引擎飞机的产量只能被牺牲掉。OKL 最终决定，现有的生产能力将集中力量生产 3 种喷气式战斗机和 1 种活塞引擎战斗机，即 He162、Me262、Ar234 和 Ta152。其中使用 Jumo004 引擎的 Me262 和 Ar234 都能使用航空煤油；而使用 BMW003 引擎的 He162 和使用 Jumo213 引擎的 Ta152 都必须使用航空汽油。OKL 只能期望，未来将为 He162 换装引擎，否则燃料供应问题将无法解决。而曾经被寄予厚望的另两种飞机 Do335 和 Ju388 只能被放弃了。

　　根据最新制定的计划，预计从 1945 年夏天开始，德国航空工业每月应交付 500 架 He162 和 Me262，370 架 Ta152 和 50 架 Ar234。这样的规模当然远不能满足军方的需要。许多作战部队将不得不解散。剩余的部

▲ 一架 Do335 连同身后的厂房一并被炸成残骸，预示了这种飞机夭折的命运。尽管已经制造了 12 架预生产型，但是量产计划还是被放弃。

队也不可能以此维持作战消耗。预计到夏天，甚至连运输机部队也必须大力裁撤，最终只保留 6 个大队。而到 1945 年底，运输机、伞兵和飞行训练工作都将全面停止。然后，到 1946 年，随着燃料供给状况的改善，德国空军希望那些被解散的联队还能重新复活。但是即便到那时，燃料的供应也只能保证平均每天 75 架次的 Me262 的作战飞行，以及部分侦察飞行所需。

　　然而所有这些计划与设想都取决于一个前提，即德国陆军能够稳定当前的防线，阻止盟军地面部队逼近帝国腹地；而德国空军必须全力以赴实施防空作战，保卫其至关重要的核心工业设施，免遭空袭毁灭。这意味着德国空军必须在 2 条战线上同时作战，既要在前线支援陆军的战斗，同时也必须担负起保卫帝国领空的重任。

　　以德国空军当前的资源和武器，这种双重压力是它无力承受的。无论未来的装备升级计划多么美妙，现实的转产工作不可能一蹴而就。而且在新式飞机能够大量服役并取代老式飞机之前，型号陈旧的飞机还是必须维持一定的产量。结果老式的 Fw190、Me109 和 Ju88 的生产因此都维持到了战争结束。从 1945 年 1 月到战争结束，逐渐陷于崩溃中的德国航空工业仍然生产了大约 3000 架 Me109 和 1800 架 Fw190。相比之下，Me262 的产量只有 800 架。

　　充足的装备供应和有限的燃料供给给战争末期的德国空军带来了一幅奇特的景观。II/JG27 的弗雷德上尉回忆道：“我们前往储存新飞机的基地领取装备。那里聚集着崭新的 Me109G-10、Me109G-14 和 Me109K 型飞机。此时已不再有良好的管理体系。负责管理基地的军官只是说，这些新飞机，你们可以任

意自取。但是要想获得汽油，就很困难了。"
而作战部队获取燃料的过程则颇为戏剧性。
II/JG301 的补给军官这样描述了他们的工作：
"获得燃料与其说是一项补给工作，不如说
是一场智力游戏。我们派出油罐车四处搜寻。
这里弄到 5000 升，那里搞到 2500 升，如此
不断。我们大队的一次出击需要大约 20 吨汽
油，有时候我们需要 1 周的时间才能搞到这
么多燃料。"

　　面对这绝望的形势，德国空军的崩溃已
经无可挽回。继 1944 年秋天的重组之后，当
前的德国空军航空兵团由 3 支基本力量构成：
战斗机部队、夜间战斗机部队，和得到少量
喷气轰炸机支持的战斗轰炸机部队。这其中，
首先被战争车轮碾碎的是夜间战斗机部队。

塌陷的夜空

　　在整个第二次世界大战期间，德国空军
对于夜间防空问题始终不够重视。除了半心
半意地生产了少量的 He219 战斗机以外，夜
间战斗机部队从未获得专用飞机。他们的装
备主要由其他型号的飞机改进而来。到 1945
年初，夜间战斗机部队主要依靠 Ju88G-6 和
He219。它们不仅数量不足，而且性能方面也
没有优势。特别是在面对大量英国蚊式飞机
时，显得难有招架之力。为了改善装备，德
国空军也曾付诸努力，包括研发新式飞机、
改进现有装备，以及为部队引入喷气式飞机。
但是这三方面的努力都不成功。

　　新式飞机研发方面，Ju388J 型夜间战斗
机型是一个原本颇有希望的项目。尽管价格
昂贵，但是配备有 FuG240 型雷达和功率更
强的引擎，是一款性能不错的高空夜间战斗
机。但是在 1945 年初，整个 Ju388 的发展计
划都被取消。类似的命运也落到了 Do335 和

▲ 在 He219 的机身上安装更长的主翼和 V 型尾翼，构成了
Hü211。它拥有更好的气动性能，计划作为夜间战斗机和远
程侦察机使用。但是整个项目天折。

Ta154 的头上。道尼尔公司的 Do335 也是夜
间战斗机的候选对象。该型的夜间战斗机型
有 2 个型号，分别是单座型和双座型。1945
年初，作为夜间战斗机使用的 Do335B 系列开
始在维也纳的亨克尔公司的工厂内下线，但
是量产计划同样被取消。Ta154 则是福克伍
尔夫公司制造的全木质战斗机，可将其视为
蚊式飞机的德国版本。在 1944 年 11 月，III/
NJG3 对这种飞机做了半心半意的测试。截至
1945 年 3 月，Ta154 曾多次试图拦截蚊式，
但是没有击坠记录。主要原因在于，其所使
用的 Jumo213A-1 引擎动力不足。后来德国人
也曾试着为其换装 Jumo213F-1 引擎。但是，
大队指挥官对此缺乏兴趣，而且相关实验因
燃料匮乏无法进行。

　　对现有飞机的改进集中两点，即安装
高性能引擎和雷达。德国人曾在 He219 和
Ju88G 型机上试装过 Jumo213E-1 型引擎，希
望以此提升它们对抗蚊式飞机的能力。其中，
装备此种引擎的 Ju88 被称为 Ju88G-7 型。机
身取自 G-6 型，尾翼来自 Ju188E-1，主翼
和起落架是 Ju88A-4 的。迟至 1945 年 3 月
29 日，1 架 Ju88G-7 型飞机才加入 OKL 的实

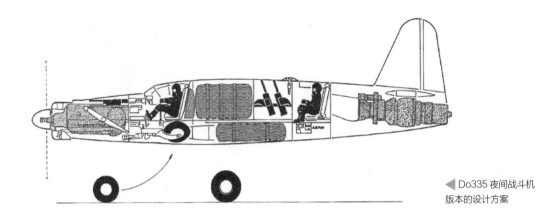

◀ Do335 夜间战斗机
版本的设计方案

验中队。而同样安装 Jumo213E-1 型引擎的
He219A-7，虽然足以与最蚊式的最新型号抗
衡，但是产量太少。到 1944 年底，总共只制
造了 6 架。在 1945 年又向军队交付了 21 架。
然而由于燃料短缺，这些飞机未能发挥作用。
现有的资料只能证明，NJG1 曾经使用这些飞
机进行了实战条件下的测试工作。

　　由于一系列挫折，德国人最终认定，为
当前型号换装引擎和雷达的举措显得过于昂
贵，成效却很可疑。此举显得得不偿失。唯
一的办法是转而采用喷气式飞机。Me262 和
Ar234 都曾是候选对象。为此在 1944 年底组
建了 2 个实验指挥部，分别测试这两种飞机
作为夜间战斗机的潜力。

　　阿拉多公司尝试在 Ar234B-2 型轰炸机
的基础上，改造夜间战斗机。但是其机身前
端半透明的驾驶舱在夜晚起降时容易造成飞
行员判断失误。至少有 3 架飞机因此发生坠
毁事故。而诸如着陆时损坏起落架之类的事
故更多。这些事故严重影响飞机的出勤率，
并且推迟了部队形成作战能力的时间表。到
1945 年 3 月底，只有 1 架 Ar234 夜战型号宣
布拥有作战能力。尽管这架飞机的座舱的下
半部分被刷成黑色，改善了起降能力，但是

其上安装的 FuG218 型雷达使得飞机速度不
足。就算开足马力，也追不上蚊式，甚至无
法使目标进入开火射程。而其较高的油耗也
使其不适合执行夜间游猎的任务。阿拉多公
司随后又将希望寄托在新式的 Ar234C 型机
上。但是四引擎的 Ar234C 型耗油更加惊人，
根本不适合作为夜间战斗机使用。最终，
Ar234 夜战型的研发完全失败。

　　相对而言，Me262 夜战型较为成功。将
Me262 作为夜间战斗机的尝试始于 1944 年秋
天。这年 10 月 18 日，拥有 33 个击坠记录的
骑士十字勋章获得者库特·威尔特中尉，首
次驾驶 Me262，以测试其作为夜间战斗机的
潜力。很快，OKL 下令组建威尔特实验指挥部，
作为第一个装备 Me262 夜间战斗机部队。

　　考虑到 Me262 必须优先供应给轰炸机部
队，其次是昼间战斗机部队，所以向夜间战
斗机部队交付喷气式战斗机的进度极为缓慢。
迟至 1945 年初，威尔特实验指挥部的规模仍
然很小，只有 4 架 Me262。飞行员通常只能
用 Me109K 进行相关训练。此时的 Me262 尚
未发展出专用的双座夜战型号，而驾驶单座
Me262 用于夜间作战，难度极高。尽管如此，
作为夜战王牌的威尔特中尉，通过与驻扎柏

林的第 1 高射炮师的紧密合作，仍然颇有斩获。截止 1944 年 11 月，他已经驾驶 Me262 击落了至少 4 架轰炸机。

1945 年 2 月 28 日，威尔特实验指挥部改编为 10/NJG11。到 3 月中旬，威尔特及其手下飞行员已经积累了足够的经验，战果开始提升。部队飞机总数 19 架，但是糟糕的地勤维护使得可供作战的飞机数量通常只能维持在总数的一半。与此同时，专用的夜战型号 Me262B-1/U1 也开始交付部队。这种飞机由双座的 Me262 教练型号改装而来，拥有 2 个座位，机首部位安装有雷达天线。但是火力减半，只有 2 门 30 毫米航炮，但也足够对抗英国的蚊式飞机了。在 1945 年 1 月到 3 月间，这种夜战版 Me262 至少在柏林上空击落了 13 架蚊式。

虽说战绩不错，但是为夜间战斗机部队大规模换装 Me262 的工作仍然遥遥无期。这不仅是因为生产供应跟不上，而且也是由于一系列技术困难。由于 Me262 的可靠性本来

就差强人意，技术更复杂的夜战型号毛病更多。除了通常的引擎维护困难以外，双座夜战型的 Me262B-1/U1 还有许多独特的毛病。例如，为了延长滞空时间，这种飞机可以携带 2 个 300 升容量的副油箱。但是实际使用过程中，油箱的安装极为困难。事实上，在 Me262 的各种型号中，Me262B-1/U1 的可靠性是最差的。德国飞行员们虽然为拥有如此先进的飞机倍感自豪，但对其可靠性始终不是很有信心。如果战争继续延续到 1945 年下半年的话，估计德国空军会用 HeS011 引擎和 FuG244 雷达来武装 Me262 的夜战型号。

截至 1945 年 4 月 10 日，10/NJG11 所装备的 19 架 Me262 中已经损失了 10 架。其中大部分毁于操作失误和技术故障。另有至少 1 架 Me262 在空中与蚊式相撞被毁。到 4 月 12 日，真正可供作战的飞机数量仅剩下 4 架。而随着地面战局恶化，部队开始转移。而一旦离开原先的设施完善的基地，部队就会因缺乏足够的维护设施和零备件补给而丧失作

▲ 配有雷达的双座型 Me262 夜间战斗机，由 Me262 的双座教练型发展而来。

战能力。自此以后，这支喷气式战斗机部队名存实亡。

根据记录，威尔特部队的 Me262 总计参加过 75 次战斗，击落了 43 架敌机，另有 5 架白天的战果。威尔特本人击落了 22 架蚊式和 2 架兰开斯特。排名第二的是贝克中士。他的座机极有特色。上面装了 1 门向上射击的 MG131 型机枪。2 月 19 日，他凭借这挺机枪首开纪录，击落了 1 架美军 P38 闪电。敌机爆炸产生的碎片击伤了贝克座机的左引擎，但最终还是安然降落。其最终战绩为 6 架夜间战果和 2 架白天战果。技术军士莱亨巴赫名列第三。他宣称自己取得 6 架夜间战果和 1 架白天战果。第四名雷哈特中士，拥有 4 架夜间战果。

到 1944 年底，德国空军夜间战斗机部队不仅面临飞机性能方面的落后，而且在电子战领域也远远落后于英美空军。自从 1944 年夏天英国皇家空军破解了 SN2 雷达的秘密以后，德国夜间战斗机的作战效能即开始大幅度下降，而损失不断上升。对此德国人并非无动于衷。1944 年底，在经历了长期的技术挫折之后，第一部机载厘米波雷达终于投入实战。这就是现代化的 FuG240 型和 FuG244 型雷达，波长 9 厘米。与 SN2 雷达相比，新式雷达的天线更长。最大探测距离可达 9000 米。而且新式雷达拥有比 SN2 更好的精度，且近距离盲视的距离更短，只有 350 米，而原先的盲视距离有 5000 米。FuG244 型雷达与 FuG240 型雷达差不多，但是多了 1 个改进后的示波器，改善了观察能力。且它拥有 1 个更强大的信号发射器，工作距离可以更远。但是这些新式雷达装备部队的时间太晚。首批 25 台此类设备于 1945 年 3 月交付。其中，III/NJG2 的 10 架 Ju88G-6 是最先装备此种雷

达的飞机。这使得英国皇家空军在 1945 年 3 月底损失了 10 架飞机。与 Me262 一样，这样的技术成就来得太晚，已经不可能产生战略影响。

到 1945 年初，德国夜间战斗机部队已经明显陷入困境。此时，盟军拥有数量充足的后备飞机。可以轻易集结上千架飞机，统一行动。而德国人的抵抗越来越无力。1945 年 1 月 29 日，英国出动 606 架重型轰炸机空袭斯图加特，仅损失了 11 架。其中还包括高射炮的战果。2 月 13 日，英军对德雷斯顿展开了毁灭性大轰炸。由于能够有效干扰德军的雷达，德国夜间战斗机部队几乎无能为力。当晚起飞的 27 架德国夜间战斗机只击落了 7 架敌机。另有 2 架轰炸机毁于碰撞事故。其中 1 架轰炸机被己方其他飞机所投掷的炸弹砸中，导致坠毁。这就是当晚英军的全部损失，仅 9 架，约占全部出击的 1406 架飞机总数的 0.6%。显然，德军夜间战斗机部队的抵抗正在崩溃。

在东线，随着红军逐渐逼近帝国本土，驻扎在东普鲁士、西里西亚和匈牙利等地区的夜间战斗机部队纷纷被解散。这里很快就会变成残酷的战场。

在西线，燃料匮乏严重限制了夜间战斗行动的规模。迟至 1945 年初，1 个夜间战斗机大队通常可以保有大约 30 架飞机，但是真正能够作战的通常只有 5 ~ 10 架。很多时候，德国人只在最有利的情况下才会出动飞机。而且只有那些取得多次空战胜利的王牌飞行员才能继续作战。有限的燃料优先供应给这些王牌们，以期用最少的燃料消耗量取得最大的战果。至于其他飞行员，要么充当后备军，要么就只能转行了。事实上，早在阿登战役期间，IV/NJG3 已经开始执行对地攻击任务了。

主要是对敌人后方的铁路目标进行夜间低空水平轰炸。此后，I/NJG4、I/NJG6 和 IV/NJG6 也都加入进来。在 1945 年新年实施的"底板行动"中，也能看到夜间战斗机部队的身影。而在战争的最后几个月，这类行动日益成为夜间战斗机部队的主业。

无论那些王牌们多么卖力，取得的战果终究有限。所以毫不奇怪，1945 年 1 月，英国皇家空军总共出动了 6572 架次的重型轰炸机空袭德国。仅损失 99 架，损失率为 1.4%。在战争接下来的日子里，英国人一直维持着这样的低损失率。

面对绝境，OKL 于 1944 年底决定重启在英国上空的夜间空战行动。在战争早期，德国远程夜间战斗机曾经在英国机场上空，袭击返航的敌方轰炸机以及空袭地面设施等等。此类行动后来被希特勒叫停。现在，既然在德国上空已经无望获得战果，那么不如再次把战场引向敌人的领空。

这会是一次大规模出击。行动代号为"吉塞拉"。为保证成功，从 1944 年 11 月至 1945 年 2 月，德军多次派遣单机尾随返航的英国轰炸机，直至他们的基地上空。目的是熟悉航线，和敌人的降落作业程序。为绝对保密和麻痹敌人，这些侦察机接到严令，不准攻击任何敌方目标。尽管如此，盟军还是获得了有关"吉塞拉"行动的情报。盟军的广播电台多次公开宣称，"今晚，我们将和吉塞拉共舞。"德国人被迫多次推迟行动日期。

最终，德国人决定于 3 月 4 日晚动手。参战部队包括 NJG2 的全部 3 个大队、NJG4 的全部 3 个大队，以及 IV/NJG3 和 III/NJG5。当晚，英国皇家空军的 450 架兰开斯特、哈利法克斯和蚊式空袭德国西部地区。在损失了 7 架飞机之后，英国人顺利完成了任务，

开始返航。此时，超过 100 架 Ju88 和 He219 飞越北海，追踪返航的英国轰炸机前往英国。为达成攻击的突然性，德国夜间战斗机奉命在抵达英国本土上空之前，严格保持无线电静默，并且严禁对任何敌机发动攻击。

在抵达英国海岸之后，德国飞机同样释放了干扰雷达运作的金属箔条。借此他们顺利抵达英国北部各个轰炸机基地上空。德国飞行员可以清楚看到，那些带伤返航的飞机在着陆时坠毁所掀起的火焰。他们立即开始轰炸并扫射英军的机场。英军的反应非常敏捷。很快，所有为引导己方飞机着陆而打开的灯光全部熄灭。同时，英军的广播系统开始发出警报。仍然在返航途中的英军轰炸机也全部熄灭了自身的灯光。

但是无论如何，德军战机成功达成袭击的突然性。德军战斗机一举击落了 22 架返航轰炸机，并且对 27 个基地的地面设施进行了扫射和空袭。最终，英军的损失总数上升至 29 架。这是战争末期英国轰炸机部队损失最惨重的一天。

但是德国人也付出了代价。由于在先前的战斗中，德国夜间战斗机通常擅长在目标的后下方，以向上射击的机炮攻击目标的腹部。如今，在敌人降低高度准备降落之际，采取同样的战术就要求德国人飞得更低，往往低于最低安全飞行高度，自然容易出事故。至少有 3 架飞机的坠毁是由于高度过低，撞到了地面建筑、树木或者电线之类的物体。而一旦德军战机耗尽了弹药，就得在黑夜中穿越北海，飞过 600 公里的距离，返回基地。当他们着陆时，油箱通常已经完全耗尽。而并非每架飞机都能平安着陆。至少有 3 架飞机因着陆失败而坠毁，包括 IV/NJG3 的大队长和该大队下属的 12/NJG3 的中队长。另外

还有 2 架 Ju88G-6 因引擎故障而坠毁。最终，德国人在"吉塞拉"行动中共损失了 8 架飞机。

无论如何，"吉塞拉"行动对敌人造成的伤害远不足以致命。这次行动最大的价值在于，迫使英军为保卫己方机场投入更多的兵力，从而对敌人的兵力和资源配置造成了某种牵制，仅此而已。

而对德国夜间战斗机部队而言，"吉塞拉"行动堪称一个代价高昂的体面葬礼。由于消耗了大量燃料，且无法获得补充，此类大规模行动仅此一次，再未重复。2 周后的 3 月 17 日，18 架 Ju88 夜间战斗机自荷兰起飞，飞抵英国上空，只击落了 1 架正在从事训练飞行的兰开斯特轰炸机。这个微不足道的战果具有历史意义。因为这是德国空军最后一次在英国上空执行作战任务。

3 月 21 日，德国夜间战斗机部队进行了最后一次大规模作战。当晚，89 架飞机升空，迎战英国重型轰炸机。至少击落敌方 14 架飞机。到月底，由于燃料储备枯竭，作战行动大幅度压缩。据此，OKL 下令将夜战部队的规模缩编。每个大队现在只保留 16 架飞机。多余的部队将被解散。只是由于急速恶化的战争形势，才使得这个改编计划从未得到贯彻。

4 月 11 日，20 架双引擎夜间战斗机升空，迎战英国人。这次作战也是德军夜间战斗机部队的绝唱。随着盟军深入德国腹地，整个防空体系趋于解体。在接下来的 1 个月里，除了执行少量的对地攻击任务以外，夜间战斗机部队几乎陷于瘫痪的境地。

绝望的空袭

如前所述，德国空军轰炸机部队在 1944 年秋天进行了一次大改组。这次改组的本质

就是将这支进攻型空军转变成一支防空军，至少暂时必须如此。但是由于一系列的拖延和战局恶化，换装 Me262、Ar234、Do335 和 Ju388 的步伐根本赶不上原计划。至于更加先进的 Ju287，更是遥不可及。所以到 1945 年初，德国空军的对地攻击力量，仅剩下一些残山剩水。除了 V1 巡航导弹以外，这支空中打击力量完全是一个拼凑起来的大杂烩。首先是继续奋战在西线的喷气式轰炸机部队。这也是德军最后的轰炸机部队了。其次是鏖战于东线的战斗轰炸机联队。第三是准备在东线再次投入战斗的槲寄生轰炸机。最后还有一支临时组织起来的自杀性空袭部队。

首先来看西线。到 1945 年初，燃料短缺和盟军的空中优势已经迫使活塞引擎的德国轰炸机退出了战场。只有装备喷气式飞机的 KG76 和 KG51 尚能正常运作。除此之外，还有 SG4、NSGr1、NSGr2 和 NSGr20 这几支战斗轰炸机部队。SG4 一度兵强马壮，拥有 115 架 Fw190，但在盟军的空中优势面前损失惨重。NSGr1、NSGr2 和 NSGr20 这 3 个夜间袭扰大队，只能从事骚扰性的行动。真正的主力非 KG76 和 KG51 莫属。但它们都无法实现齐装满员。

截止 1945 年 1 月 7 日，KG51 拥有 44 架轰炸机。其中联队指挥部 4 架，I/KG51 有 30 架，II/KG51 有 10 架。另有 14 架正在交付过程中。几天后，全联队的飞机总数增至 58 架。III/KG51 已经于 1944 年 9 月被解散。但是作为训练单位的 IV/KG51 仍然保留。也就是说，真正的战斗兵力还不足 2 个大队。

尽管机场屡遭空袭，KG51 还是持续投入支援地面部队的战斗中。在 1945 年新年实施的"底板行动"中，该联队有不错的表现。迟至 2 月 22 日，KG51 仍可出动 34 架

Me262。当天，他们在 100 架活塞引擎战斗机的掩护下执行轰炸任务。该联队的最高出动记录是 55 架。但是到 2 月底，由于燃料短缺，行动规模就降了下来。此外，缺乏经验的地勤人员加上糟糕的维护工作，造成了很多不必要的损失。迟至 3 月 31 日，KG51 仍有 79 架飞机，但是燃料限制使得这个数字没有意义。

与 KG51 相比，装备 Ar234 的 KG76 表现更差。1945 年 1 月 23 日，7/ KG76 和 8/ KG76 的 18 架 Ar234 飞抵前线，与 9/KG76 会合。这标志着 III/ KG76 终于完成了换装任务。但是就在这 18 架 Ar234 飞临前线机场上空时，他们遭到了 2 个中队的喷火战斗机的欢迎，被击落 3 架，另有 2 架受损。2 名飞行员阵亡。Jumo004 引擎在低空低速条件下动力不足的弱点再次暴露无遗。这对于 III/ KG76 真是个糟糕的开端。

1945 年 1 月份的大部分日子里，天气都不理想。因而限制了 Ar234 的作战行动。2 月份的天气形势相对较好。只要燃料供应情况允许，德军的喷气式轰炸机就会出击。目标通常是位于比利时境内的铁路车站，火车调度场，以及盟军的人员和车辆。每天的出击架次都维持在 20 架左右，通常分 2 个波次进行。2 月 21 日，III/KG76 全天出动 37 架次。这是该大队单日最高出动记录。

3 月 7 日，美军夺取了莱茵河上的雷马根桥，从而彻底动摇了德军依靠莱茵河阻挡盟军进攻的计划。戈林气急败坏地要求把这座桥梁列为最优先的攻击目标。他甚至考虑可以派遣志愿飞行员，驾驶携带炸弹的飞机，直接撞击桥梁，务求摧毁。

KG51 和 KG76 都被动员起来。至少有 2 名 KG51 的飞行员自愿报名，以神风特攻的方式撞击大桥，但是在最后关头还是被他们的长官所劝阻。理由是炸弹引信需要在脱离挂弹架之后才会启动，如果直接带着炸弹撞击桥梁，很可能导致炸弹哑火。而 KG76 则调集了联队指挥部和隶属于第 2 大队的 6/ KG76 执行轰炸大桥的任务。

由于天气恶劣，直至 3 月 9 日，Ar234 才首次出动。而美国人已经借此机会强化了大桥的防空部署。3 月 9 日，3 架 Ar234 以

▲ 于 1945 年 4 月交付 III/EKG1 的 Ar234C 型轰炸机。它使用 4 台 BMW003 型引擎取代 B 型机上的 2 台 Jumo004 引擎。BMW003 引擎使用 B-4 型航空汽油，而这种燃料在战争末期非常短缺，所以送抵部队的飞机从未进行充分测试。此型飞机的最终产量不超过 5 架。

400 米高度实施低空水平轰炸，未获成功。而且其中 1 架被击落。此后几天里，德国人尝试了各种空袭战术，投弹高度从 5000 ~ 8000 米不等。在这样的高度，Ar234 必须借助精确的自动导航系统抵达目标上空，然后投下 1 吨重的 SC1000 型炸弹。由于缺乏精确瞄准器材，没有炸弹直接命中。至少有 1 架 Ar234 因燃料耗尽而坠毁。

为保卫大桥，盟军方面调动了一切手段。大桥不仅由高射炮保护，天空中更有持续的战斗机巡逻。到 3 月 14 日，有 4 架 Ar234 在空袭时被盟军战斗机击落。而 KG76 所在的机场也受到了盟军的特别关照。3 月 17 日，雷马根桥终于还是倒了。但是此时盟军已将足够的兵力输送到河东岸。至此，依靠莱茵河实施防御的计划还是完全失败了。

事后看来，作为第一代喷气式飞机，Me262 和 Ar234 都不是合格的轰炸机。其中，Me262 本身就是从战斗机改装而来，先天不足。OKL 承认，Me262 因为没有合适的轰炸瞄准具，根本不适合实以高空水平轰炸的方式，攻击地面上的小型移动目标。尽管其高速性能有助于躲避防空炮火，但是也使其难以击中单个的坦克、车辆和桥梁这样的目标。而 Ar234 只能算是一种成功的侦察机。尽管数量很少，侦察成效却极为显著。只是战争末期的德国武装部队，已经无力运用侦察所得情报。作为轰炸机，Ar234 很难算作优秀。轰炸行动的本质上是一种运输活动，把尽可能多的爆炸物运到目标头顶，然后丢下去。但是 Ar234 的载弹量只有 2 吨左右。以一次出动一个中队计算，其投弹量最多只有 18 吨。而在针对地面分散的人员和车辆进行空袭时，这种规模的轰炸是远远不够的。在其最大出动架次的当日，根据英军当天的记录，他们

甚至没有专门提及这天的敌军轰炸行动，可见其影响力微不足道。同时期英美战术轰炸机部队每天的投弹量百倍于此。而数量有限的 Ar234 只能实施这种具有骚扰性质的攻击，根本不足挂齿。

1 月 12 日，苏联红军发动了准备许久的冬季攻势，一举占领华沙并渡过了维斯杜拉河。这次攻势原本是应西方盟国的要求发动的。目的是缓解他们在阿登山区的压力。然而当红军真正开始行动时，阿登战役已经接近尾声。德军不仅损失了大量的人员和装备，更严重的是东线战场未能得到及时增援。红军的攻势恰逢其时。到月底，整个波兰都已落入红军手中。而向西突进的红军部队更是已经进抵奥德河畔，距离柏林已不足 100 公里了。与此同时，在南北两翼，攻势也不曾稍有缓和。红军坦克于 2 月初抵达波罗的海海岸，从而彻底孤立了东普鲁士。而南边的部队占领了西里西亚工业区，并已经跨过了捷克斯洛伐克边境。

在东线战场，德国轰炸机的身影已经近乎绝迹，但是单引擎的战斗轰炸机仍然为数可观。德军试图依靠这些战斗轰炸机，抵消红军在坦克数量上的优势地位。这些部队的主战装备是 Ju87、Hs129 和 Fw190。他们的代表人物，就是大名鼎鼎的"斯图卡王牌"汉斯·鲁德尔。

1942 年，汉斯·鲁德尔以其高超的俯冲轰炸技术炸沉了苏联战列舰"马拉"号，从此声名鹊起。但他更多的目标还是红军的坦克。根据统计，他总共击毁了 519 辆苏联坦克。战后，他描述了自己驾驶 Ju87G 猎杀红军坦克的经历："我们有时候从后方俯冲，有时候从敌人的侧翼攻击。攻击角度不能太陡，以防我们的飞机距离地面太近。我们总

是试着从坦克的薄弱部位攻击它们。坦克的前部装甲太厚，那是它的主要防御方向。但是侧翼和后方都是薄弱环节。引擎需要散热，只能在其上方安装一块较薄的装甲，而且还得在上面开洞。再加上引擎总是连带着燃料，所以是理想的攻击目标。从空中俯瞰，一旦引擎启动，喷出的蓝色烟雾很远就能看到，我在尽可能低的高度猎杀敌人的坦克。那里很少能看到我们的战斗机，敌人深知自己的数量优势。"

鲁德尔所喜欢驾驶的 Ju87，到 1945 年已经显得落后。只有像鲁德尔这样技术高超的王牌才会继续驾驶 Ju87 作战。而且即便是他也在战斗中丢掉了 1 条腿。此时东线德军唯一的专职战斗轰炸机，是被俗称为"坦克开罐器"的 Hs129。这种飞机类似于苏联空军中的伊尔 2 型攻击机，但是远不如后者成功。Hs129 原先配备有高初速的 MK101 型 30 毫米航炮。尽管此种航炮的初速要比 MK108 型 30 毫米航炮的初速高出许多，但是在对付敌方装甲目标时仍不够理想。它只能保证击穿 T34 坦克薄弱的尾部上方装甲板。随着战争后期重型的斯大林系列坦克开始装备红军，德国人感到需要更大威力的火炮。为此，德军将 75 毫米反坦克炮加以改进，为其添加了

1 个半自动装填机构，将其塞进了 Hs129 的机鼻部位。测试表明，装备新式的 75 毫米大炮的 Hs129 强击机，能够有效地击穿苏联重型坦克的侧面和后部装甲。德国空军原计划从 1944 年开始将所有 Hs129 都进行改装，安装这种大威力火炮。然而很快，整个 Hs129 的生产线都被关闭。最终到 1945 年初，只有不到 30 架这样的大口径火炮攻击机被派往东线。这些飞机都被编入 IV/SG9，以至于这个大队实力远远超编，一度达到拥有 59 架飞机的规模。

实战表明，重火力版本的 Hs129 在飞行中过于笨拙，很难在缺乏战斗机保护的情况下深入敌方领空。而由于战争末期德国空军已经失去制空权，所以这种被寄予厚望的飞机只能用来攻击那些已经突破了己方防线的红军坦克部队，这些部队暂时脱离了己方战斗机的保护。但它不能轻易飞到敌军占领区上空。而且一旦这些飞机在战斗中损失，也无从获得补充。所以这种飞机最终难有建树。

由于此前已将大部分战斗轰炸机部队部署在东线，当红军的攻势开始后，德国空军就很难再筹措到足够的预备队了。除了从西线调来的 SG4 以外，其他增援前来的对地攻击单位都是拼凑而成。IV/KG76 现在已经被改编为 III/EKG1。他们在 2 月份，驾驶着借来的 15 架 He111 型轰炸机参与了奥德河畔的战斗。斯特拉斯堡航校征集到足够的志愿者，驾驶 8 架 Ju188 和 5 架 He111 投入战斗。但是增援的主力还是德军战斗机部队，包括 JG4、JG300、JG301。与阿登战役时的情形一样，那些原先从事空战任务的部队，现在不得不开始执行空袭和对地扫射的任务。他们的战果可疑。

例如作为增援部队之一的 JG4。除了作为突击大队的 II/JG4 装备的是 Fw190 之外，

▲ 装设在 Hs129 机身下的 75 毫米口径大炮。这是二战期间安装在飞机上的口径最大的火炮。

到 1945 年，随着战火烧到了德国本土，德军把 Bü181 这种初级教练机也投入了一线。注意这架飞机的机翼上下表面各绑定了一个"铁拳"反坦克火箭弹。Bü181 最大平飞速度只有 200 公里，在以大角度俯冲时最多也只能达到 350 公里时速。德国人认为，在距离地面 100 米高度和距离目标 80 米处发射这种火箭弹，就有可能命中目标。如果技术足够好，还可以把飞行高度降至 50 米以下，在接近目标后再上升到 50 米高度实施攻击。但是此种行动将遭遇严重风险，不仅地面的防空炮火，还包括士兵手中的轻武器也能造成威胁。实战证明，德国人以这种训练飞机从事反坦克作战，损失远远大于所取得的战果。

其余 3 个大队装备的都是 Me109。1 月 21 日，联队接到命令，向西里西亚地区转场。但是还未等到执行命令，预定转场的地区已经落入红军手中。部队只好更换转场地点。直至 26 日，联队新指挥部才建立起来。而所有大队转场完毕要等到 1 月 28 日。

尽管装备不适合执行对地攻击任务，而且飞行员既无经验，也没有受过相关训练，但是在接下来的 3 天里，该联队声称，摧毁了 395 台车辆、1 辆坦克，3 个火箭发射器、1 门多管高射炮，并将 3 架敌机击毁于地面。即便联队的报告完全真实可信，战果也过分乐观了。而且完全无法阻止红军的推进。而为此付出代价却是真实的。整个 1 月份，联队的损失包括：26 名飞行员阵亡或失踪，14 人受伤。20 架 Fw190 被摧毁或失踪，14 架受伤，37 架 Me109 被摧毁或失踪，25 架受伤。

到 2 月中旬，德军在其空军的支援下，守住了奥德河防线，一直坚持到 4 月初柏林战役打响时为止。在东普鲁士，德国空军支援其装甲部队歼灭了红军第 7 近卫坦克军的大部分兵力。这是德军在 1945 年所取得的主要胜利之一。

随着红军深入到东普鲁士、波美拉尼亚和西里西亚，很多飞机工厂的生产都会被突然打断。例如，福克伍尔夫公司设在波森的工厂，因受到红军的威胁而被迫炸毁，导致新式的 Ta152 战斗机，生产刚刚超过了一百架就被迫中止。这些企业现在都面临着撤退的重任。能带走的物资必须全部带走，否则就必须炸毁，以免落入敌人手中。一名负责从工厂向部队交付飞机的 Fw190 飞行员日后回忆说："1945 年 3 月，我们接到命令，从科尔堡撤退所有飞机。Fw190 座舱内，座椅背部的装甲板已被拆卸。空出来的空间被塞进 1 个 12 岁大的女孩。她的妈妈挤进机身后部，为此拆除了无线电设备。但是罗盘还必须带上，为了不影响其运转，这位母亲不得不把衣服上所有金属物件全部摘除。我的 1 位同事也飞 Fw190。他在撤离时，2 个膝盖上各坐着 1 名小孩。而他们的母亲也被塞进机身后部空间。"这一幕场景绝非 Fw190 作为运输机使用的最高纪录。5 月 8 日停战前夕，盘踞在库尔兰半岛的德军战机也开始逃离这块绝地。其中 III/SG3 一名飞行员，在他的 Fw190 上塞进了 4 名地勤人员，然后飞了 1000 公里抵达丹麦边境。

自斯卡帕湾攻击被放弃之后，德国空军又策划了代号为"铁锤"的槲寄生轰炸机空袭计划。该计划将出动 82 架槲寄生，空袭莫斯科周围地区的发电站。这个计划最早可以追溯到1943年末。当时，英国皇家空军通过空袭鲁尔水坝，成功地削弱了德国的工业生产能力。受此启发，军备生产部长施佩尔提议轰炸苏联的发电厂。与拥有大量中等规模发电厂的西方工业国家不同，按照计划经济体制建立起来的苏联电力工业，更擅长集中力量办大事，所以只建设了少数几座大型发电厂。又由于苏联的工业水平导致其缺乏制造蒸汽涡轮机和水力发电机的能力，使得苏联人在战前从德国大量进口此类设备，所以德国人对于苏联人在工业设施方面的弱点非常清楚。在战争爆发后，德国空军注意到，苏联缺乏系统的防空体系，所以其工业设施对于空袭更为脆弱。只是由于先前德国空军忙于支援德军地面部队，因而忽视了这些战略目标。根据德国人的估计，苏联60%的光学和电气设备都由位于莫斯科周边地区的工厂生产。如果能够摧毁莫斯科附近的大型水力发电站，就会严重削弱苏联的军火工业。为执行此次轰炸任务，德国空军于1943年12月在苏联的比亚韦斯托克地区成立了第6航空军，展开针对性训练。但在来年春天，该部队又在支援陆军的战斗中被消耗掉了。而且由于德军丢失了前沿机场，从而使目标超出了He111轰炸机的作战半径。

1944年12月，此项计划以"铁锤"的名义再次复活。擅长向敌后执行渗透任务的KG200全权负责此项计划的实施。为保证轰炸行动顺利实施，KG200从已经解散的KG30那里吸收了必要的人员，并重组了II/KG200。除了使用槲寄生轰炸机以外，该大队还装备有Ju188和Ju88，以伴随并支援槲寄生执行任务。

为克服距离障碍，槲寄生也得到了改进。作为战斗部的仍然是Ju88和Ju188轰炸机，但是作为飞行员座舱的Me109被换成了Fw190。并且每架Fw190的机翼下还要挂载2个副油箱，以保证他们能飞行超过1200公里，从莫斯科飞往德军控制下的库尔兰半岛。

攻击目标是莫斯科周边的12座水力和火力电站。一旦成功，不仅能瘫痪工业活动，还

▲ 战争末期推出的新版本槲寄生轰炸机。操控飞机由Me109变成了Fw190。作为战斗部的Ju88也采用了加长版的Ju88G-10型。更长的机身可以储存更多的燃料，有助于扩展打击距离。

能制造洪水。根据德国人的估计，此次行动如果成功，将摧毁苏联 80% 的电力输出能力。

尽管需要在敌国上空长距离飞行，但是德国人仍认为有很大把握取得成功。毕竟，德国飞机已经有几个月没有出现在苏联纵深地带，这会麻痹敌人。而且 KG200 根据自身的活动经验，断定目标周围缺乏雷达警戒网。

根据计划，82 架槲寄生将分成数个攻击部队，在黎明前数小时从东普鲁士的各个机场起飞，在黎明时抵达各自目标上空，并同时发动攻击。为确保导航顺利，I/KG66 的 Ju88 和 Ju188 将负责在预定航向的某个地点投掷照明弹，以指示航向。四引擎的 Ju90 和 Ju290 远程飞机将伴随槲寄生到达目标上空，以投掷照明弹，确保准确命中目标。

到 1945 年 3 月，所有相关准备活动都已经结束，部队进入出击基地待命，预计于 3 月 28 日晚起飞。但是此时，希特勒有更紧急的事情，红军正在突破维斯杜拉河防线，直冲柏林而来。他需要所有可用的飞机，来摧毁红军在河西岸建立的桥头堡。而考虑到当前绝望的处境，德国空军需要所有可用的飞机、燃料和飞行员执行这些迫在眉睫的任务。最终，"铁拳"在最后一刻被取消。

事实上，早在"铁拳"行动被取消之前，槲寄生已经被投入东线战场。3 月 8 日，4 架槲寄生轰炸机在 JG11 的掩护下，轰炸了奥德河上的 1 座桥梁，至少有 1 架 Ju88 命中目标。尽管开局不错，但是战斗结束后由 II/KG200 提交的报告指出，用这种昂贵的装备去攻击极易修复的浮桥是得不偿失的。这些目标很小，很难被命中。报告最后建议，使用空对地制导武器会是更好的选择。

随后的战斗证明，槲寄生轰炸机不适合攻击战场上的战术目标。4 月 1 日，II/KG200

再次出动 6 架槲寄生敌方桥梁。1 架 Ju88 和 1 架 Ju188 负责提供导航支持，来自 JG52 的 24 架 Me109 负责护航。整个编队于当天上午 7 点 30 分左右升空，需飞行 90 分钟抵达目标上空。在目标上空，第一架槲寄生因尾舵被击中，偏离目标。第二架坠落于桥的东岸，造成广泛的破坏。第三架一切正常，直接命中。其余 3 架的行动都很失败。其中 1 架未能正常投放，Ju88 最后直接撞向地面，且未能爆炸。另 1 架因引擎故障，提前返航。而且由于引擎未能坚持到最后，飞行员被迫跳伞。伴随攻击的 Ju88 和 Ju188 也各自投掷了 1 枚 SC1000 型高爆炸弹，命中桥梁的西端。截至 10 点 38 分，最后 1 架 Fw190 返航，整个行动难称成功。

4 月 7 日，II/KG200 还拥有 18 架 Ju88 和 8 架 Ju188，以及 24 架槲寄生。第 6 航空队据此决定派遣这些飞机，空袭位于华沙附近维斯杜拉河上的桥梁。空中侦察显示，此时红军在维斯杜拉河上还只有 1 座桥梁可以通行火车，另有 2 座正在抢修。此外，还有 14 座公路大桥横跨大河。红军的工兵正在另外架设 3 座浮桥。这些桥梁都是需要攻击的目标。

4 月 9 日，II/KG200 派遣了 5 架槲寄生。但在飞行途中，由于突然遭遇敌方战斗机，德国人只能临时解散编队，以求脱险。最终只有 1 架槲寄生抵达目标上空。此时，来自 KG4 的 15 架 He111 投掷了 237 枚照明弹，以指示目标，但是这最后的幸存者还是未能命中目标。整个行动还损失了 4 架负责护航的 Me109。而那 5 架槲寄生中，只有 1 架 Fw190 返航。另有 3 名飞行员跳伞，另一人负伤迫降。这次行动清楚地显现出，精心制定的计划是如何在实战条件下被扭曲，直至失败。

在 4 月份余下的日子里，由于燃料供应

越来越紧张，德国人只能再进行3次榭寄生空袭，然而成果寥寥。失败的背后有着多种原因。首先在起飞阶段，德国空军规定榭寄生起飞的间隔被设定为3分钟，这个时间间隔显得过短。8～10分钟较为合适。由于飞机必须在夜间起飞，且不是每一个机场都具备夜间起飞的条件，所以相关的调度和协调工作极为复杂。

其次在飞行过程中很难避免飞行编队的解体。鉴于盟军已经掌握了德国上空的制空权，榭寄生的飞行活动大多只能限制在夜晚进行。然而尽管已经提供了最好的导航支持，大部分Fw190飞行员还是无法返航，因为德国战斗机飞行员严重缺乏这类复杂气象条件下的飞行训练活动。而且为支持此类行动准备的气象预报经常并不准确，更是加剧了行动困难。战场上空的天气预报本身就是高风险活动。为报告目标上空的天气情况，德国的远程侦察机必须在高危环境下作业。预报不够准确也实属正常。

最后当飞临目标上空时，由于榭寄生所要攻击的都是战场上的高价值目标，这类目标通常都受到战斗机和高射炮的严密保护。榭寄生飞行员需要非常大的勇气和高超的技巧才能接近目标至1000米距离，然后投放脚下的轰炸机。这使得榭寄生飞行员通常面临惨重的伤亡。而且，有许多次，作为炸弹的Ju88也会被高射炮火击毁，进一步减低的攻击效果。

实战证明，榭寄生是一种大胆的技术创新，但是缺乏实际军事价值。它也许可以有效攻击那些诸如发电站之类的防御能力不强的目标，但攻击战场上的高价值目标绝非其所长。

到4月份，德军在东线仍然拥有可观的对地攻击力量，包括SG1、SG2、SG77和II/SG3。其中SG1拥有89架Ju87和Fw190。SG2拥有91架Fw190。SG77拥有99架可用的Fw190。即便是II/SG3也有40架Fw190。在大约3周的时间里，第6航空队出动了250架次的战斗轰炸机，大部分都是Fw190，也有少量的Ju87D。在南方，第4航空队麾下的SG2和SG77的4个大队，支援舍内尔元帅的部队，暂时顶住了红军的进攻。由此可见，此时的德军对地攻击部队仍然是有实力的。他们的麻烦不在于缺乏飞机，而是缺乏燃料。

此外，随着帝国地盘日益缩小，西线的KG76也开始将注意力转向东线。此时部队仍在壮大。II/KG76已经接近完成训练，形成作战能力。但是在4月10日，372架美军的B17轰炸机空袭了德国中部地区。其中147架B17空袭了II/KG76的机场，广泛的破坏导致部队瘫痪。整个KG76一度只剩下10架飞机。但是随后的补给仍将KG76的实力恢复至17架。此时的德军已经严重缺乏燃料。新补充的飞机是通过公路运输的方式送达部队的。从4月19日开始，该部队以小编队空袭柏林周边的红军地面部队，然而柏林日益激烈的巷战使得整个城市弥漫着冲天大火，烟雾严重使得飞行员很难看清地面的目标，根本无法实施空袭。

随着战争形势日益绝望，德国人开始不顾一切地发动自杀性空袭。事实上，德国空军对于有人驾驶的自杀性攻击的研究并不比日本人更晚。早在1943年10月，DFS就向军方高层提交了一份秘密报告，建议以自杀性攻击对抗盟军的大规模空袭。而在1944年2月，有关"有人控制的炸弹"的概念也在DFS内部进行了讨论。为了执行这样的任务，飞行员需接受为期2个月的培训，他们将使

▲ 根据 DFS 提交的关于自杀性作战的报告，德国空军计划采购 5000 架 Me328。使用 V1 导弹的冲压喷气引擎为动力，既可以自行从地面起飞，也可以由 1 架远程轰炸机拖曳升空，以增加作战半径。试飞表明，飞机操纵性欠佳，缺乏规避敌方攻击的能力。RLM 于 1944 年夏天放弃了这个项目，而把注意力转移到了有人驾驶的 V1 导弹上面。

▲ 有人驾驶型 V1 导弹源自 1944 年 2 月 28 日著名女试飞员汉娜·莱契向希特勒提出的建议。她认为 V1 不够准确，应该由人工操纵以提升准确性。希特勒起初拒绝了这个建议，但是很快又改变了主意，同意进行小规模试验。整个项目从 1944 年夏天延续到了 1945 年 3 月。研发团队虽然只有 18 人，但是他们得到了党卫军的大力支持。试飞证明，这种飞行器绝非理想。飞行稳定性欠佳，以至于经常性的偏航需要频繁的修正。座舱设计也是一个明显的失败，在高速滑翔状态下，飞行员成功从座舱内爬出来的的机会只有 1%。此项目最终在 1945 年 3 月 15 日正式下马。当美军于 4 月 23 日占领生产工厂时，他们发现了 54 架有人驾驶型 V1 导弹的弹体。图中即为美军正在检查他们的战利品。

用诸如 PC1800 这样的重型炸弹，攻击敌方舰船。在设定最后的攻击航线后，飞行员将自行爬出座舱，利用降落伞逃生。当然，报告承认，执行此类任务的飞行员须冒极大的风险。因此，报告建议，在战斗过程中，如果有任何飞行员临阵退缩，都应被枪毙。在 DFS 进行理论探讨的同时，德国空军还专门拨款，研发相关装备，并组织相应的部队。装备方面的技术成果包括 Me328 型自杀性攻击机和有人驾驶型的 V1 导弹。而在组织方面，KG200 是最早参与这类讨论和训练工作的部队。其最终成果就是所谓的"列奥尼达斯"中队，即 1/KG200。尽管 Me328 和有人驾驶型的 V1 导弹最终夭折，而 1/KG200 也因准备不足而于 1945 年初解散，但是自杀性攻击的观念仍然被保留下来，并在战争的最后阶段付诸实施。

4 月 16 日，红军发动了横穿奥德河的战役。苏联空军的 7000 架掩护着地面上的 250 万大军，以排山倒海之势冲向柏林。德国空军在飞机数量上处于 1 比 5 的劣势。为了摧毁红军架设在奥德河上的浮桥，德国空军使出浑身解数。4 月 19 日，12 架槲寄生轰炸机在 III/JG4 的 Me109 的掩护下，发动攻击。与此同时，36 架自杀飞机朝着奥德河飞去。每架携带 1 枚 500 千克重炸弹。这是真正的自杀性攻击，没有任何生还机会，类似于日本的神风特攻。1 个月前空袭雷马根桥时所遇到的技术困难已得到克服。飞机所携带的 500 千克炸弹，引信经过了特别设计，以保证撞击之后炸弹引爆。

许多人在抵达目标之前就已被苏联战斗机击落。由于天气原因和战场上空的浓重烟雾，至少有 3 架飞机未能发现目标，不得不返航。但是根据 III/JG4 飞行员的报告，此次作战取得了成功。大量目标被命中。其中 1 座桥梁被炸出了 1 个宽达 80 米的缺口。尽管如此，当晚，OKL 还是下令暂停进一步的行动，理由是攻击效果不明显。即便德国飞机能够暂时炸毁浮桥，红军也能很快将其修复。攻击对于红军地面部队的进攻没有产生显著影响。换句话说，此类行动令德国人有得不偿失之感。剩下的 14 名准备实施自杀性攻击的飞行员被打发到南方的 II/SG2，在鲁德尔的领导下战斗到战争结束。

临近 4 月底，随着柏林战役进入尾声，德军轰炸机的作战重心转移到了南方的捷克斯洛伐克。KG51 接到命令飞往布拉格。由于燃料不足，部队必须首先飞往奥地利，然后才能抵达捷克。4 月 30 日，I/KG51 的 7 架飞机奥地利境内加油。与此同时，II/KG51 的大部分兵力已经向美军投降，未能前来。5 月 1 日，I/KG51 抵达布拉格。按计划，他们将在第二天早上起飞，空袭红军第 3 和第 4 近卫坦克集团军的后勤补给线，以支援柏林前线。但是此时有更急迫的任务在等待他们。

5 月 1 日，捷克抵抗运动分子发动起义，在布拉格城区筑起街垒，与德国占领军对抗。与此同时，盘踞在布拉格周围的弗拉索夫将军领导的俄罗斯解放军正在为自己寻找出路。他们现在与德国主子反目，帮助捷克起义军。这些叛军甚至一度包围了德国人的机场。刚刚抵达的 I/KG51 必须首先在机场周边投掷炸弹，然后再进一步镇压捷克人的起义。至少有 6 架 Me262 参与了空袭布拉格镇压起义的战斗，其中 2 架被击落。5 月 7 日，德国即将无条件投降的消息已经传出。根据第 6 航空队的命令，最后 4 架可以飞行的 Me262 必须飞往西方，以避免这种先进飞机落入红军手中。这就是德国空军轰炸机部队最后的行动。

最后的空战

1944 年末的阿登反击战给德国空军战斗机部队带来了两方面的后果。这场战役严重削弱了德军战斗机部队的实力。不仅是因为人员和装备的损失，更主要是因为这场战役消耗掉了先前好不容易储备起来的燃料。1944 年 12 月，德国的飞机产量高达 2953 架。但是燃料短缺令这个可观的数字黯然失色。大部分新造飞机只能停放在机场上。只有新式的喷气式战斗机部队，因其规模较小，所需燃料有限，才能获得较为充足的供应。另一方面，德军在 1945 年新年发动的"底板"行动使盟军意识到，德国空军仍具有一定实力，所以绝不能放松打击力度。

1 月 14 日，超过 900 架 B17 和 B24 轰炸机在大批战斗机护卫下空袭了德国中部地区。德军出动了 JG300 和 JG301 两个联队的 183 架飞机迎战。然而只有 II/JG300 大队取得了一定战果。他们成功接近了美军第 390 轰炸机大队的 1 个 8 机编队，并将其悉数击落。当天，英美战术空军同时也对德国西部地区展开了空袭，同样爆发了激烈战斗。美军全天的总损失约为 17 架轰炸机和 11 架战斗机。而德国空军损失了 140 架飞机。107 名飞行员阵亡，32 人受伤。

这场惨败清楚地表明：在"底板"行动以后，德国昼间战斗机部队正在丧失抵抗能力；而被视为最终希望的 Me262 仍不能大量投入空战。战后，许多人将 Me262 未能及时投入空战归咎于希特勒当初的决定。但是希特勒已经在去年 9 月份撤销了只允许 Me262 加入轰炸机部队的决定。那么，到 1945 年初，为何情况还是如此糟糕？

必须承认，作为一种全新的战斗机，Me262 在服役初期遭遇各种技术问题，这不

▲ 铁十字中间有一个白色的"S"字母，表明这架 Me262 仅被用于训练，不会投入一线作战。

足为奇。尽管为此投入了巨大的资源和精力，但是飞机的出动率始终很低。战争末期的资源困境更是加剧了问题的严重性。

截至 1945 年初，德国空军总共已经接收了大约 600 架飞机。每周还有 36 架新飞机下线。但是德国空军的官方报告承认，截至 1945 年 1 月 10 日，只有 61 架飞机可用于作战。其中 KG51 占据了主要份额。I/KG51 和 II/KG51 当前合计拥有 52 架战斗轰炸机。10/NJG10 拥有 4 架夜战型 Me262。此外侦察部队还有 5 架。另外还有至少 150 架属于昼间战斗机部队的飞机正忙于训练。它们分别属于 JG7、KG(J)54 和 EJG2。此外，还有大约 30 架 Me262 分布在各个测试中心，再加上 150 架已经被炸毁在地面或是毁于飞行事故的 Me262，总数也不到 400 架。那么剩下的那 200 架 Me262 究竟在哪里？答案是在德国的铁路线上。为了节省燃料，新飞机在完成了出厂试飞之后会被重现拆卸成几个部件，通过铁路运抵部队。但是盟军轰炸机对德国铁路系统展开的系统性轰炸，这些飞机现在只能散布在整个铁路网上。所以，到此时，战斗机部队基本上还处于赤手空拳的状态。只有来自 9/JG7 的 2 架 Me262 参加了 1 月 14 日的战斗。

尽管Me262正处于投身大规模空战的前夜，但是当前的状况仍然引起了德军昼间战斗机部队的严重不满。很明显，轰炸机部队当前得到的Me262，远远多于战斗机部队。这种本末倒置的现象无疑归咎于轰炸机部队出身的军官在空军高层的强势地位。正是这些人掌握着分配资源的权力。在他们的主导下，诸如KG51这样的轰炸机部队获得了优先照顾。根据战后的统计，KG51从1944年夏天开始，直至1945年4月10日，该联队总共接收了342架Me262，约占该型飞机交付总量的三分之一。在接近1年的战斗中，该联队在战斗中损失了88架Me262，而技术故障造成的损失高达146架。更令人痛心的是，如此高昂的损失所换来的战果根本微不足道。

而且即便到了1945年，当那些轰炸机出身的军官也不得不承认战斗机部队的重要地位时，他们仍在耍手腕。在战斗机部队看来，既然自身的重要性已经无可置疑，理应优先获得Me262。但是空军高层宁愿让1个轰炸机联队来执行空战任务，也不愿把新生产的Me262直接交到战斗机部队手中。最典型的就是KG54。这个联队现在被重新命名为KG(J)54，以此表示它的新任务。同样改行的还有KG(J)6。该部队原本计划装备Ju388，但是现在却取代了KG40，拿到了Me262，并且也像KG54一样，准备投身空战。更有甚者，IV/KG54在OKL的命令下，番号直接更改为II/JG7，然后被塞进了战斗机部队。不算被分离出去的第四大队，KG(J)54总共前后累计获得了163架Me262，而步伐稍慢的KG(J)6也获得了13架。再加上KG51的份额，总数远大于战斗机部队所得。包括II/JG7在内，这个最主要的喷气式战斗机联队只获得了372架，Jv44得到了16架。此外还有NJG11分得的19架。最后还有100架大多配属在各个实验测试中心和侦察部队。

在战斗机部队的官兵看来，这张关于Me262的分配图表足以说明，自己受到了歧视。而OKL之所以对轰炸机部队青睐有加，其官方理由颇为冠冕堂皇，即空军高层对于战斗机飞行员操纵Me262的能力表示不信任。毕竟，那些原本驾驶Ju88、He111和Do17的飞行员早已适应双引擎飞机的操纵习惯。而让原先只开过Fw190和Me109的飞行员来玩转2台Jumo004引擎，转换训练所需的时间更长。更何况，德国空军的训练体制，也使得战斗机飞行员在飞行技能方面的确略逊一筹。为了缩短训练时间，并且节约资源，德国空军中的战斗机飞行员通常不会接受仪表飞行这样的复杂科目训练。毕竟，他们的作战环境相对单一。只有一些有前途的军官，日后在他们的职业生涯中进行深造时，才接受此类训练。相比之下，轰炸机、侦察机和夜间战斗机的飞行员，在正式上岗之前就会接受全套训练课程。

这种能力上的差异导致驾驶Me262的战斗机飞行员在飞行过程中出现了某些不适应状况。例如，装备雷达的美军轰炸机通常会躲在云层以上的高度，对目标实施轰炸。德国战斗机在接近敌人的过程中经常需要穿越云层投入战斗，然后再穿过云层返回机场。对于速度较慢的活塞引擎战斗机而言，这不会有什么问题。但是如果让一名没有接受过仪表飞行训练的飞行员驾驶速度更快的Me262穿越云层，就会较为危险。特别是在操纵飞机穿过云层降低高度时，如果速度过快，经验不足的飞行员往往无法及时将飞机拉起，导致直接撞向地面。德军相信，至少有数起事故是因此而起。因此，包括戈林在内的许多德国空军高层相信，让轰炸机飞行员接受作为战斗机飞行员的培训，要比让一名战斗机飞行员去接受仪表飞行训练更容易。

但是加兰德等战斗机军官反对这种做法。他们的理由也很充分，即轰炸机出身的飞行员难以适应残酷的空战环境，也没有这方面的经验。转换训练也需要相当时间，而且效果可疑。KG(J)54惨淡的空战经历也证明了这一点。他们从1944年9月开始接收Me262，直至1945年2月9日才首次参战，而且首次上阵即以惨败收场。当天，美军出动了大约1500架重型轰炸机，空袭德国中部地区。KG(J)54首次派遣10架Me262升空迎战。他们只击落了1架敌方轰炸机，却被随后赶来的美军护航战斗机一举击落6架Me262。联队指挥官本人亦战死。2周后的2月25日，KG(J)54再次遭难。当天，该联队损失了至少12架Me262。其中在空战中损失6架，被敌方扫射机场摧毁4架，还有2架毁于技术故障导致的坠毁。同样来自喷气轰炸机部队KG76的巴彻少校在接管KG(J)54的指挥权之后，也承认手下飞行员能力不足。除了缺乏空战经验以外，也包括适应性的问题。这些习惯于在宽敞的玻璃座舱内与伙伴们合作驾驶Ju88和He111的飞行员门，很难在短期内适应单座的Me262。更何况Me262的巡航速度是那些老式轰炸机的2倍以上，也令那些老鸟们一时难以适应。所以巴彻在走马上任之后的第一件事情就是下令进行更多的训练。

围绕着对Me262的期望与失望，所得与所失，战斗机军官与轰炸机军官两派人之间关系持续紧张。而1月14日的惨败很快变成一个导火索，使长久以来积聚下的矛盾表面化。1月底，以前第1战斗机师指挥官吕佐上校、第2战斗机师指挥官洛德尔上校、JG52指挥官格拉夫上校、JG7指挥官斯坦因霍夫上校、和东线战斗机总监特劳夫特上校为核心，组成了一个代表团，向戈林逼宫，要求改组空军指挥机构。

他们的诉求集中于两点：第一，轰炸机部队出身的军官应对当前战斗机部队当前糟糕的状况负责。他们制定了不切实际的作战计划，使得战斗机部队遭到重创。刚刚过去的"底板"行动就是最好的证明。因此必须把这些人调离当前的指挥岗位，由战斗机部队出身的军官取而代之。第二，必须授予战斗机总监更加广泛的权力，特别是分配新生产的Me262的权力，以尽快改善当前的处境。

戈林将这次逼宫视为战斗机部队的反叛。他怒气冲冲，指责这些战功显赫的王牌飞行员，威胁要把他们枪毙，但最后只是把他们轰出了房间。事后，戈林更是秋后算账。被作为叛乱分子首脑的吕佐被发配到意大利；特劳夫特被调往训练部门；加兰德虽然没有直接参与其事，但是被戈林视为幕后黑手，遂罢了他战斗机总监的职务，以150次空战胜利者格洛布上校取而代之。但是即便是任性的戈林，也清楚战局危殆，所以不敢追究那些一线指挥官。参与其事的各战斗机联队长都得到留任。这场冲突就此被压制下去了。但是问题也没有得到解决。

就在高层陷于严重纷争之际，战斗机部队正在为Me262登场做最后准备。由于技术故障、燃料短缺，和训练困难，这个准备进程已经拖延了许久。现在终于已经看见曙光。已经齐装满员的III/JG7正在柏林附近进行最后训练，很快即可上阵。而I/JG7和II/JG7也正在换装过程中。

▲ 挂装在机翼下的 R4M 型空对空火箭,12 枚火箭弹整齐排列。战斗中只有一次发射机会,只需一枚命中敌机,即可确保摧毁。木质的发射架易于拆卸。除了 Me262 以外,Ju87 和 Fw190 也能挂载此种武器。

2 月下旬,III/JG7 作为第一支装备 Me262 的战斗机部队重回一线。该部队的前身就是去年秋天被撤回后方的 "Me262 实验指挥部"。现在,经过补充训练之后,该部已经显著提升了作战效能。2 月 21 日,美军第 479 战斗机大队正巡逻至柏林上空。他们遭遇到隶属于 III/JG7 的 15 架 Me262。美国飞行员在事后的报告中承认,这些对手已经有了显著改变,变得更有威胁且更有经验。一旦被咬尾,会立即横滚,然后爬升。在爬升过程中,美军战斗机不可能跟上目标。但是这次遭遇战中,Me262 也没有获得显著的战果。实战表明,如果不能发动突然袭击,Me262 对于美军战斗机的威胁并不严重。但是 Me262 仍然对美军轰炸机部队构成严重威胁。因为它的高速飞行能力是野马无法匹敌的,后者无法为己方轰炸机提供可靠掩护。

R4M 空对空火箭

第一种真正投入实战的空对空火箭,使用固体燃料火箭发动机。重量 4 千克,拥有折叠尾翼设计。军方订购了 20000 枚,但实际交付只有 12000 枚。测试表明,固体燃料火箭发动机可以在 0.8 秒钟内将火箭加速至每秒 540 米的速度。火箭的最远射程约为 1000 米。

1944 年 11 月 2 日,由 Me262 首次进行试验。但是第一次实战使用是在 1945 年 3 月 18 日由 JG7 完成。此外,由于现有的挂弹架不够安全,容易造成发射时出现卡壳现象,挂弹架的改进一直持续到战争结束。3 月 31 日,德军声称以 R4M 击落了 17 架英军兰开斯特轰炸机。

Jv44 也使用过 R4M,甚至加兰德本人也以其一举击落了 2 架美军的 B26 轰炸机。此外,在一次与 475 架 B17 的对抗中,德军声称以 R4M 和 MK108 型 30 毫米航炮击落了 25 架敌机。在对抗美军重型轰炸机编队时,这两种武器构成了一种较为理想的组合。

在 2 月份，最成功的德国飞行员就是 III/JG7 的雷德马赫上尉。他宣称击落了 5 架 B17、1 架喷火侦察机、1 架野马和 1 架 B24 轰炸机。3 月 3 日，Me262 首次大规模出战。以 III/JG7 为主力的 29 架 Me262 迎战美军轰炸机群。其中 20 名德国飞行员声称他们成功接近目标，击落了 6 架轰炸机和 2 架战斗机。1 架 Me262 被击落，飞行员阵亡。但是美军的记录声称，当天总共损失了 9 架轰炸机和 8 架战斗机，但不承认有任何战绩应归功于 Me262。

Me262 的下一次大规模出动要等到 3 月 18 日。当天，37 架 Me262 迎战冲向柏林的 1221 架重型轰炸机和 632 架护航战斗机。德军在空战中首次采用 R4M 型无制导空对空火箭弹。这种直径 55 毫米的火箭弹被装在 1 个木制发生巢中。每个火箭发射巢可装载 12 枚火箭。1 架战斗机只能在左右机翼下各挂载 1 个发射巢，空战中只有 1 次开火机会。

III/JG7 的韦格曼中校带领 1 个 6 机编队，对美军的 1 个轰炸机编队发动攻击。德军在距离目标 1000 码距离集中发射了这种空对空火箭。被攻击的部队就是不幸被称为"血腥 100"的第 100 轰炸机大队。该大队成为战争史上第一批被空对空导弹攻击的部队。2 架 B17 被立即击落，另有 1 架遭到重创，并且在接下来的火炮攻击中被击落。此外，德军还以航炮击落了 1 架。然后，Me262 就不得不转身撤退，以躲避蜂拥而至的野马。

3 月 18 日这天，28 架德军战斗机声称与敌人交战。全部战果包括 12 架轰炸机和 1 架战斗机。其中，除 2 架轰炸机以外，全部归入 JG7 账下。但是从美军的记录来看，当天总共只有 8 架重型轰炸机毁于 Me262 之手。III/JG7 损失 2 架 Me262。第二天，3 月 19 日，

Me262 出动 45 架次，声称击落 6 架重型轰炸机。但自身损失 2 架飞机和 2 名飞行员。20 日，再次出动 29 架次，宣称击落 9 架重型轰炸机，但己方损失 4 架。

3 月 21 日，31 架 Me262 迎战超过 1000 架美军轰炸机。25 架声称与敌人交战。III/JG7 的穆勒上尉回忆道："当天，我和僚机起飞迎战深入到莱比锡—德雷斯顿地区的敌军。我们的无线电通讯受到严重干扰，已经失效。在德雷斯顿以南地区 7500 米高度，我发现 1 支同高度的 B17 编队，在我左侧后方位置。有 4 架野马为其护航。我立即飞到野马下方位置，后者为追踪我们，引擎已经冒出黑烟，这表明敌人已经开足马力。但是我扫视了一下我的空速表，显然还没有担心的必要。B17 现在在我左侧上方位置，因此我左转 10 度，爬升角度 5 度，冲向它们。在距离 1000 米时，敌人的尾部炮手向我开炮，只需几秒钟的时间，我们接近到 300 米距离，我和我的僚机立即开火。我看到目标机身上出现一连串的弹孔和爆炸现象，机身和引擎都被命中。然后我以一个弧线飞离目标，野马仍在身后紧追，但已经越来越远。我注意到刚才射击的目标坠落到 2000 米高度，然后发生爆炸并解体。"

检视美军的资料可知，当天有 5 架轰炸机被 Me262 击落。而不是德军声称的 13 架。美军战斗机部队声称击落 9 架 Me262，实际德军仅损失 3 架。其中 2 架属于 JG7，另 1 架来自于 KG(J)54。

整个 3 月下旬，JG7 保持着高强度的出击记录。3 月 22 日，美军对巴伐利亚和斯瓦比亚地区发动了大规模空袭。德军当天损失了 28 架 Me262。这是一个明显的挫折。3 月 26 日，又有 5 架 Me262 在交战中被击落。28

日的战斗中，JG7 损失了他们最好的飞行员，橡叶骑士十字勋章得主汉斯·瓦尔德曼中尉（134 次空战胜利）和韦格曼中尉（14 次空战胜利者，包括 8 个在 Me262 上取得的成绩）。后者跳伞逃生，但是身受重伤。30 日，美军第 8 航空军空袭汉堡、不莱梅和威廉港。德军 31 架 Me262 升空迎战。德军 I/JG7 的舒尔特上尉在起飞阶段遭到野马偷袭，尽管他已跳伞逃生，但因高度太低，还是摔死在地面上。当天，德军声称击落 3 架轰炸机和 3 架战斗机。其中有些应归功于新投入使用的 R4M 型空对空火箭。但德军自己也损失了 3 架战斗机。

在这个战争即将结束的时刻，英国轰炸机部队也开始加入到昼间空袭作战行动中来。3 月 31 日，460 架兰开斯特和哈利法克斯轰炸机飞临汉堡，轰炸当地的潜艇工厂。按计划，12 个属于皇家空军的野马战斗机中队应在荷兰上空与轰炸机会合，共同飞向目标区域。但是由加拿大飞行员驾驶的第三波次轰炸机未能按时抵达集合空域。他们只能在没有护航的情况下独自飞向目标。

当这些当可怜的加拿大人飞临战场时，立即遭遇围攻。该部队事后的报告称："喷气式战斗机经常出现在我军 3 点钟、6 点钟和 9 点钟位置。高度略高。敌人在 800 ~ 900 码距离开火。距离迅速拉近。有几次，敌人直至 300 码距离时才开火。由于敌人的速度极快，他们只有 1 次开火机会。很多尾部炮手声称，他们在敌人距离 1000 码时开火，但是 3 ~ 4 秒钟之后，敌机就会冲到自己面前。这个时间只够打出 200 发子弹。有一名炮手声称，尽管自己在 900 码时已经开火，但是时间太短，根本不足以让他转动炮塔，来瞄准迅速抵近的目标。"

事实上，所谓的"800 ~ 900 码距离开

火"，是 Me262 发射的 R4M 火箭。英国轰炸机习惯了夜间轰炸时采用的松散队形，绝不会像美军那样组成紧密的空战防御阵型。当遇到 Me262 追杀时，英国轰炸机会以螺旋形机动的方式摆脱追杀，德军飞行员首次遭遇这种新战术，一时之间也没有好的对策。所以英军只损失了 12 架兰开斯特轰炸机。

4 月 1 日，美军派出 1000 架轰炸机空袭德国东部地区。JG7 全力以赴，飞出了 38 个架次。当天总共击落 14 架重型轰炸机和 2 架战斗机。自身损失 4 架。这是 Me262 服役生涯中最成功的一天。但也仅此而已了。

就在 Me262 奋战的同时，其他的希望正在破灭。迟至 1945 年 1 月，位于合成燃料工厂附近的一些最重要的机场向 Me163 开放。与此同时，德国空军也计划在德国西部地区建立大量的火箭战斗机基地，为此还需要建造巨大的火箭燃料仓库。然而盟军持续的空袭毁灭了德国的化工工业，由此导致燃料供应日益短缺。1945 年 3 月，所有计划都已经落空。3 月 20 日，JG400 接到命令，准备换装 He162。只是因为后者数量不足，换装计划才搁浅。显然，无论是 Me163，还是 He162，都已遥不可及。此后，只要燃料供应状况允许，JG400 的 Me163 就会继续升空作战。4 月 19 日，OKL 下令解散整个 JG400。德国空军投入大量资源发展火箭战斗机，但是所获寥寥。

另一种高性能战斗机 Ta152，拥有在 12500 米高度击落蚊式飞机的记录。但是 1945 年 2 月底，波森被苏联红军占领。新飞机的来源立即枯竭。而空战损失再加上盟军对德国机场的空袭又导致了更多的 Ta152 的损失。大部分交付部队的 Ta152，都追随 JG301 前往东线战场。但是该联队可出动的

Ta152 的数量从未超过 12 架。说来讽刺，德国人原本为 Ta152 安装 1 副修长的机翼，是为了改善其高空性能。现在，这幅机翼被认为适合挂载各类炸弹，从而让 Ta152 更多地承担起对地攻击任务。

红军对波森的占领，不仅导致 Ta152 夭折，也使得 MK108 型火炮的产量大减。现在，有限的产量必须优先满足 Me262 的需要。因此 Fw190D 的生产也必须让路。显然，活塞引擎战斗机部队短期内已不可能换装新装备。他们必须用手头的老式飞机奋战到底。其后果是不言而喻的。

由于燃料短缺，大部分活塞引擎战斗机只能趴在地面上。而那些能够继续获得燃料的部队，虽然还在竭力战斗，但是惨重的损失不可避免地导致士气低落。例如 II/JG27 负责高空掩护，阻止美军护航战斗机靠近那些向轰炸机发起冲锋的战友。隶属于该大队的弗雷德上尉日后回忆道："我们严格遵守战术纪律。以双机或四机编队的形式，背向太阳，俯冲向目标，以快速的俯冲打乱敌人的队形，迫使他们丢弃副油箱。然后再次爬升高度，远离危险区域，评估形势。如果形势允许，我们就会做第二次冲锋。敌方护航战斗机的数量远在我们之上，与其展开格斗极不明智。"但是弗雷德也承认，即便如此，部队每天都会损失 2 ~ 3 名飞行员，因而士气低落。"每天早上，我们的飞行员在早餐时集合。新补充进来的人也会加入。在那些老鸟看来，这些菜鸟们只剩下几天的命。这些菜鸟们在被击落之前，通常只有飞两三次的机会。我记得人们在谈论那些第一次出击就丧命的事情。"

这番绝望的景象导致第 1 战斗机师指挥官赫尔曼上校决定付诸实施一项他酝酿已久的战斗行动，即对美军轰炸机发动自杀性攻击。赫尔曼原先是一名轰炸机飞行员，因为组织单引擎战斗机参与夜间空战而一举成名，并被委任指挥战斗机部队。他的部队负责保卫包括柏林在内的德国中部地区。现在，赫尔曼决心组织一次大规模的敢死冲锋，以撞击方式一举重创美军的轰炸机群。

关于这种疯狂行为的原因，赫尔曼日后解释说："我的部队里没有突击大队。我当然知道他们。我也知道，突击大队的作战方式不是长久之计。因为他们在敌方护航战斗机面前损失惨重。很明显，必须设法躲过敌人的护航战斗机，否则不可能对敌方轰炸机群造成重大打击。唯一的办法是 Me262。但是我们需要时间，以便让这种飞机大批量服役。现在我们必须找到某种办法，设法重创美军的轰炸机群，从而为喷气式飞机大批服役争取到时间。"

显然，撞击战术的灵感来自于 1944 年德军的重型突击大队的作战模式，堪称是它的自然延伸。但是赫尔曼的撞击战术还是与其有着明显区别。突击大队的 Fw190 都是经过改进的重武装型号。必须依靠己方战斗机护航才能接近敌人。飞行员只是将撞击战术作为最后手段，只有当炮弹用尽或者航炮卡壳的时候，才会想到撞击敌人。而赫尔曼需要的是 1 架经过轻量化改装的 Me109。飞机将拆除装甲板和其他一切不必要的设备，只保留 1 挺 13 毫米机枪用作自卫。经过改装之后，这架飞机将能拥有更快的速度和爬升率，足以使其甩开敌人的护航战斗机。这样一来，撞击部队本身也就不需要再安排护卫兵力了。当敌人的轰炸机进犯时，这些撞击飞机将分散起飞，爬升到 12500 米的高度待命。他们必须躲在敌人护航战斗机的视线之外，依靠无线电接收命令，以便在攻击前占据有利位置。一旦下达攻击命令，每1名飞行员将选择1个目标，做垂直俯冲，撞击敌机。与那些突击大队相比，撞击是这些飞机唯一的作战方式。

显然，德国人意识到，航炮很难对飞行堡垒这样的大型飞机构成致命伤害，直接冲撞才能给敌人造成致命打击。自从丧失本土的制空权之后，OKL曾经多次讨论这种激进的战术。但是包括加兰德在内的多位空军战斗机高层军官都对此种想法表示反对。更何况此事还涉及战斗机部队与强势的"轰炸机党"之间的恩怨纠纷。所以当1944年底赫尔曼首次提交他的撞击作战计划时，遭到加兰德否决。直至加兰德去职之后，撞击作战计划书才被呈送给戈林。赫尔曼的计划与加兰德当初制定的大规模作战设想没有本质区别，即集中全力，予敌人致命一击。为此需要一次性出动800架撞击飞机，只要其中半数能够成功，就能击落美军约400架轰炸机。据估计，如此规模的损失将迫使美军花费几个星期的时间以恢复实力。这就是德军迫切需要的喘息期。

当然，此种作战方式的危险性一目了然。德国人估计，大约有一半的飞行员会在撞击敌人之后成功逃生。也就是说，另一半大约200名飞行员会在战斗中阵亡，或者受重伤。就算飞行员全部是志愿者，如此高的伤亡率也表明了此种战斗方式的残酷性。但是赫尔曼仍从功利的角度为其新战术辩解。其逻辑与日本人发动神风特攻的想法如出一辙，即：在先前以常规战术对抗美军轰炸机群的战斗中，德国昼间战斗机部队平均每月也要损失大约200名飞行员。然而战果寥寥。如果能以同样的代价换取敌人的重创，那么自身的惨重伤亡仍然是值得的。

戈林原则上同意赫尔曼的自杀性攻击计划，只有一个限制条件，即所有参与撞击作战的飞行员只能是航校里的毛头小子。他得留着那些老兵去驾驶Me262。然后这个计划送交希特勒，谋求最后批准。后者暧昧地声称，他不能要求任何一个德国人做出如此程度的牺牲，但是如果能够招募到足够的志愿者的话，他也不反对。事情就这么定了。

1945年2月，由戈林签发的一道秘密指令被发往各航空学校，要求招募志愿者执行一项极端危险的特殊任务。但是对于此项任务的细节，则完全保密。尽管并未使用强迫手段，还是有大约一半的飞行学员报名参加。3月初，这些人被送往柏林附近的施坦达尔机场。在那里，他们终于知道了自己将要执行的任务的细节。尽管此时报名者仍可退出任务且不受责罚，但也只有少数人选择放弃。

剩下的人随即展开了代号为"狼人"的针对性训练。训练持续了2周。飞行员必须学会操纵减重之后的Me109，在高空飞行和高速俯冲的技术。但是由于燃料短缺，训练工作只能集中于理论学习。此外，训练也伴随着密集的政治灌输，向成员强调此次行动的重大意义。在训练之余，飞行学员们待遇不错，拥有不限量供应的肉类、白兰地和巧克力。与此同时，相关组织也被建立起来。在3月初正式组建了撞击作战部队，即"易北河指挥部"，名义上归新任战斗机总监格洛布领导，但是身处一线的赫尔曼才是实际指挥官。该部相当于联队级规模，下辖3个大队，每个大队拥有45架飞机。但是此时撞击部队还缺乏有经验的基层军官。与加兰德一样，那些常年奋战在一线的老鸟们很清楚此种作战的性质，大多不愿掺和进来。赫尔曼不得不从轰炸机部队调来军官，完善组织架构。

尽管自杀性撞击行动拥有高度优先权，但是急速恶化的战局还是把所有的计划都打乱了。到 3 月中旬，只有 150 架 Me109 做好了出动准备。而投入到相关训练中的飞行员多达 250 人。显然，自杀攻击计划必须延期。

3 月底，赫尔曼向戈林抱怨说："在当前形势下，无论规模如何，我们都必须出击。这样的行动中，所牺牲的人员的数量与普通作战行动相当，而所需的飞机数量只有普通作战时的三分之一，而消耗的燃料数量更是只有五分之一到十分之一。然而只有 150 ~ 250 架飞机，不足以达成我们原先设想的战略目标。这样的行动至少需要 650 架飞机。我们必须为 Me262 的大批量服役争取时间。我们必须设法暂时阻止敌人的大规模空袭。"

4 月初，英美军队已渡过莱茵河，大举向德国腹地进发。在东线，红军距离柏林已经不足 100 公里，并且正在为攻取第三帝国首都做最后的准备。形势发展已经刻不容缓，必须立即进行空中撞击作战。另一方面，考虑到志愿飞行员的心理因素，OKL 不希望首次作战的时间拖延太久，遂决定 4 月 7 日是首次出击日。

4 月 7 日，1300 架 B17 和 B24 在大批战斗机的掩护下深入德国领空。"易北河指挥部"出动了 183 架 Me109。这个数字远少于当初的计划数。撞击部队分头起飞，在马格德堡上空汇合，然后爬升到 11000 米高度，再向 7000 米高度的美军轰炸机群冲去。来自 JG7 的 51 架 Me262 负责提供掩护。即便如此，撞击部队的飞行员仍然对于手中的 Me109 缺乏经验，使得作战归于失败。最终，德国空军损失了 133 架飞机。77 名飞行员阵亡。此外

Me262的训练换装工作：

1945 年 3 月，原先隶属于 JG3 的哈格纳上尉被调派到 III/JG7，接受改飞 Me262 的训练。他描述到："地面培训只需一个下午。我们需学习了解引擎的特性，知晓在高空飞行时引擎起火的危险性，以及低速状态下拙劣的加速性能。但给我留下最深刻印象的，还是必须仔细操作节流阀。我们无法了解引擎的内部结构。我们被告知那是保密的，并且不需要我们知道。当我抵达 JG7 联队时，这里根本没有多余的零件和备用引擎。甚至燃油有时候也会短缺。我确信这些东西都已经被制造出来，但是已经陷于混乱中的运输系统使其无法及时运抵部队。在我们部队里，有许多飞行员总共只有 100 小时的飞行经验。他们能够起飞和降落，但是很难胜任空战任务。把这些缺乏训练的人送上前线，纯粹是一种犯罪。这些年轻人竭尽全力，但还是必须为经验的缺乏而付出代价。"

还有许多飞机迫降受损。而美军只有 8 架轰炸机被撞击飞机击落。另有 15 架严重受损，但都返回了己方控制区域。而且这些战果大多归于 JG7 麾下的 Me262。

很明显，训练不足的飞行员很难准确到达攻击位置。尽管已经进行了针对性训练，但是即便以德国空军在 1945 年的标准，这些训练仍然是不足的。而且 Me109 在爬升过程中，仍然容易被敌方战斗机捕捉。然而赫尔曼不愿放弃，他打算以幸存的 80 名飞行员再尝试一次。但是时间已不允许了。大规模空中撞击战术的尝试到此为止。

也是在 4 月初，德国空军中的最后一支 Me262 部队——Jv44——终于投入战斗。这个中队级的战斗机部队组建于 1945 年 2 月底，由已被罢官的加兰德领导。纳粹和空军的高层将此举视为对这位战斗英雄的安抚和隔离。为防止他串联其他同僚再次联手造反，OKL 最初打算把 Jv44 派往意大利战场，颇有戴罪

成边的意味。但是装备维护保养方面的压力，最终迫使 Jv44 留在了德国本土。不过即便如此，OKL 还是下令将 Jv44 直接划归德国空军第 3 军区领导，而不与任何战斗机联队发生直接的业务联系。当然，把加兰德这位桀骜不驯的战斗英雄重新打发上前线，恐怕也有借刀杀人的意思。

按照 OKL 制定的编制表，Jv44 将配备 16 架 Me162。地勤人员大多来自 16/JG54 和 III/EJG2。而飞行员则来自全军各部队。由于燃料短缺，德国昼间战斗机部队目前大多处于瘫痪状态。所以加兰德可以在全军范围内招募到最优秀的战士。以他个人 104 次击坠记录的成绩，在 Jv44 里也排不进前三甲。这支部队云集了德国战斗机部队中的精英飞行员。包括 301 次空战记录获得者巴克霍恩、斯坦因霍夫（176 架）、吕佐（110 架）、卡尔·亨茨·施耐尔（72 架）、维利·哈格特（73 架，包括 57 个夜战记录）、沃尔特·克鲁平斯基（197 架）、汉斯·格鲁伯（82 架）、克劳斯·纽曼（37 架）、亨茨·萨森堡（104 架）。日后加兰德自豪地宣称，在他的中队里，铁十字勋章就和军服一样普通。然而即便是这些久经沙场的空战老鸟们，也必须花费数周时间学习和熟悉这种革命性的喷气式战斗机。

4 月 5 日，Jv44 终于在慕尼黑附近投入战斗。当天，Jv44 派出 5 架 Me262 出战，声称击落 2 架重型轰炸机。然而由于整个德国武装部队都处在解体的过程中，Jv44 也不可避免地受到影响，根本无法充分发挥战斗力。加兰德在其回忆录中称："我们不仅要与技术故障、战术限制和补给问题做斗争，而且我们还缺乏有力的雷达引导。而这是取得成功的关键。每天，前线都在不断变化，而且我们的机场持续受到占据压倒性优势的敌人的轰炸。为了让机

场保持开放状态，数千名工人被动员起来，负责在敌人轰炸的间隙进行修理工作。"面临如此众多的困难，Jv44 很少有哪一天能够出动超过 6 架飞机的规模，战果通常也不会超过 2 架。这支精英部队的战绩如此微小，以至于根本没有引起美军的注意。

尽管战果不明显，Jv44 仍然在奋战到底，精英们也在次第凋零。4 月 18 日，斯坦因霍夫上校在起飞时发生事故，被严重烧伤。4 月 24 日，大王牌卢左上校未能返航。2 天后，加兰德本人声称击落了 1 架中型轰炸机，但是在攻击第二架 B26 时受伤，付出了 1 条腿的代价。这位著名王牌的空战生涯至此宣告结束。原本指挥 EJG2 的海因茨·巴尔（130 架击坠记录，包括 18 个在 Me262 上取得的记录）接管了 Jv44。EJG2 本身也被并入 Jv44，使得这个中队级的部队，一度拥有 40 架飞机。

与此同时，JG7 也在遭遇着同样的命运。在 4 月 2 日至 6 日之间，该联队宣称，至少击落了 60 架敌机。但是本身付出的代价也很可观，飞行员的伤亡人数高达 146 人，主要集中在第 1 大队和第 3 大队。4 月 6 日，海因里希·艾勒少校在战斗中先用航炮击落了 2 架 B17，然后再用撞击战术击落了 1 架。但是这位取得 208 次空战胜利的大王牌，就此退出战斗。4 月 10 日，在马格德堡附近空域，沃尔特·舒克特中尉先用航炮击落了 3 架 B17，然后再以撞击的方式干掉第 4 架。他本人成功跳伞逃生。但在当天的战斗中，JG7 有 7 名飞行员战死，另有 2 人严重受伤。4 月 14 日，又有 3 架 B17 被击落。尽管每天都能取得战果，但是由于补充枯竭，联队的实力正在衰竭。为此 OKL 下令将 Jv44 改组为 IV/JG7，以维持这个联队的战斗力。只因为战争很快结束，才没有成功。

4月28日，JG7大部分幸存的Me262都集结在布拉格周围地区。波西米亚已经成为第三帝国仅存的控制区之一。包括KG51在内的德国空军的残存部队正在被驱赶到这里。在布拉格，除了镇压起义的捷克人以外，Me262也开始与苏军交火。这些喷气式战斗机在与苏联飞机的交战中同样表现出色。MK108型航炮被发现可以轻易击穿IL2型攻击机的装甲座舱。最终所有残存的Me262都在战争结束前的最后时刻逃离了捷克，飞往美军占领区投降。

总体而言，到1945年4月初，德国空军总共制造了大约1200架Me262。但其中只有200架可用于一线作战，维护保养困难进一步限制了可出动飞机数至此数字的40%。再加上燃料短缺，作战规模只能维持在数十架的水平。4月7日德军发动自杀性攻击的当日，有57架Me262投入空战，达到了整个战争期间单日最高出击次数。然而此时，它们的敌人已经无比壮大。美军每一次的空袭，规模都能维持在1200架轰炸机和800架护航战斗机的水平。区区数十架喷气式战斗机根本无能为力。而且，即便所有1200架Me262都能参战，美军也有应对之策。只需从太平洋战场调来B29超级飞行堡垒即可。对于第一代喷气式战斗机而已，要想击落这种可以飞行在9000米高度的轰炸机绝非易事。

希望破灭！毁灭降临！

|第六章|
最后一幕

到 1945 年 4 月 25 日，美军与红军在易北河畔的托尔高会师。第三帝国残存的领土被分割成了南北两部分。它们只能通过夜间空中走廊沟通了，而且还必须保持低空飞行，以避免被敌方夜间战斗机击落。北部领土上的空军部队全部接受帝国航空队施图普夫上将指挥。而南部领土上的部队全部划归第 6 航空队的冯·格莱姆上将指挥。

此时的德国空军，已无力施加任何战略影响，只是在苦撑至终结的那一天。而在 4 月 23 日，已经躲到巴伐利亚的戈林，通过无线电向柏林总理府地下室内的希特勒发去电报，要求接管权力，并允许他与盟军展开停战谈判。戈林的背叛使希特勒怒不可遏。他立即命令驻扎在巴伐利亚的党卫军，将戈林和整个德国空军指挥机构成员全部软禁，直至几个小时后戈林再次对他的元首表示效忠，才算罢休。

第二天，希特勒还是罢免了戈林作为空军总司令的职务，并且命令第 6 航空队的冯·格莱姆上将接替其职务。后者于 4 月 26 日乘坐一架通讯联络飞机降落在柏林城区的大街上，然后前往总理府面见希特勒。在途中，他的飞机遭遇到红军的高射炮火，并且足部受伤。他是一瘸一拐地走到希特勒的地堡中去的。然后就被送往医疗室，躺在床上接受治疗。希特勒是在床边任命这位新任空军总司令的。当晚，德国广播电台正式发布了任命通告。

与此同时，柏林的战斗正进入高潮。4 月 27 日，KG200 再次出动 7 架槲寄生，在 3 架 Ju188 的引导下攻击奥德河畔的红军桥头堡。由于红军的严密防御，出动的 7 架槲寄生中，只有 2 架 Fw190 安全返回。而且由于柏林附近浓重的烟雾，这 2 架 Fw190 无法找到机场着陆，飞行员只能跳伞逃生。

4月28日凌晨，4架Ju52运输机最后一次试图向柏林运送补给品和人员。但是全部无功而返。战局的恶化使得柏林现在只能接受夜间空投。但这些援助无异于杯水车薪。

4月29日，红军收紧了对柏林的包围。格莱姆奉命带伤飞离柏林。他乘坐最后一架飞机逃离了这座城市。希特勒此时还在梦想着从柏林城外发动大规模反攻。格莱姆受命要为这次反攻提供空中支援。这当然只是南柯一梦。由于盟军地面部队的快速推进，德国空军残存的部队正在忙于转移基地，而不是努力打仗。而且由于燃料、弹药和零部件短缺，大多数部队已经瘫痪。这就是德国空军的最后一幕。

附录
德国空军最后的实力统计

德国空军可用飞机总数统计
（1945年4月9日统计）

	帝国航空队	第4航空队	第6航空队	西线	东普鲁士	丹麦	库尔兰	意大利	挪威	总计
昼间战斗机	389	62	641	76	26		76		40	1310
夜间战斗机	480									480
轰炸机			20	17						37
战斗轰炸机	21	93	533		24		41			712
夜间袭扰飞机	17	61	56				16	35		185
战略侦察机		44	59	8		8		14	20	153
战术侦察机	16	68	185	26	17		18	14		344
运输机									10	10
KG200	70									70
总计	993	328	1494	127	67	8	151	63	70	3301

截至此时，德国空军尚拥有3301架可动用飞机。它的轰炸机部队仅存37架飞机。运输机和重型战斗机的数量也很少。反舰轰炸机部队被完全解散。与1944年5月相比，只有战斗轰炸机的规模得到了提升，达到712架。

战局恶化使得德国本土航空工业正处于危机中。许多工业设施已经被敌人占领，或正受到威胁。尽管如此，战斗机部队的规模并未立即受到影响。这是因为，德国空军仍拥有足够的战斗机库存，战斗损失可以轻易得到弥补。此外，燃料短缺使得这些飞机越来越多地停在地面上，良好的伪装措施和分散配置使其避免受损。

帝国航空队

拥有389架可出动战斗机。但是喷气式战斗机的总数只是刚刚超过100架。美军每次出动的战斗机数量都能使其拥有5比1的优势。所以即便是Me262，也很难重创敌人。它的夜间战斗机部队依然强大，但是燃料短缺已使其接近瘫痪。

第4航空队

驻扎在德国东南部地区、匈牙利和南斯拉夫。该部队已经向第6航空队移交了它的大部分部队，实力缩减至328架飞机。

第6航空队

自1945年1月份以来，该部队获得了

大量增援，实力增至 1494 架飞机。这是目前德国空军实力最强的战略兵团。

其他部队

原第 3 航空队已被改编为西线指挥部，实力减至 127 架飞机。还不到 1 月份的十分之一。库尔兰指挥部改编自原第 1 航空队。第 5 航空队改编成挪威指挥部，可出动飞机总数只有 70 架。原第 2 航空队现在是意大利指挥部，只有 63 架飞机。

帝国航空队

单位		飞机	总数	可出动数
昼间战斗机单位				
JG2	第 1 大队	Fw190	5	3
	第 2 大队	Fw190	8	4
	第 3 大队	Fw190	12	9
JG4	指挥部	Fw190	6	4
	第 2 大队	Fw190	50	34
	第 3 大队	Me109	61	56
JG7	指挥部	Me262	5	4
	第 1 大队	Me262	41	26
	第 2 大队	Me262	30	23
JG26	指挥部	Fw190	4	3
	第 1 大队	Fw190	44	16
	第 2 大队	Fw190	57	29
	第 3 大队	Fw190	35	15
JG27	第 1 大队	Me109	29	13
	第 2 大队	Me109	48	27
	第 3 大队	Me109	19	15
KG(J)54	第 1 大队	Me262	37	21
JG301	指挥部	Ta152	3	2
	第 1 大队	Fw190	35	24
	第 2 大队	Fw190	32	15
JG400	第 2 大队	Me163	38	22
JG10 中队		Fw190	15	9
Jv44 加兰德中队		Me262	30	15
夜间战斗机				
NJG1	指挥部	He219/Me110	29	25
	第 1 中队	He219	22	19
	第 4 中队	Me110	16	15
	第 7 中队	Me110	16	14
	第 10 中队	Me110	17	15

NJG2	指挥部	Ju88	2	2
	第1大队	Ju88	25	22
	第2大队	Ju88	24	21
	第3大队	Ju88	29	27
NJG3	指挥部	Ju88	4	4
	第1中队	Ju88	14	12
	第7中队	Ju88	19	16
	第10中队	Ju88	20	17
NJG4	指挥部	Ju88/Me110	4	4
	第1中队	Ju88	17	9
	第4中队	Ju88	28	23
	第7中队	Ju88	14	11
NJG5	指挥部	Ju88/Me110	16	10
	第1中队	Ju88	17	10
	第4中队	Ju88/Me110	28	25
	第7中队	Ju88/He219	34	32
	第10中队	Ju88	12	11
NJG6	指挥部	Ju88/Me110	17	17
	第1中队	Ju88	17	17
	第4中队	Ju88	14	11
	第7中队	Me110	15	12
	第10中队	Ju88	15	8
NJG11	第1中队	Me109	16	16
	第4中队	Me109	14	9
	第7中队	Me109	21	19
	第10中队	Me262	9	7
NJG100	第1大队	Ju88/Fw58	23	20
波诺沃指挥部		Ar234	2	2
夜间袭扰单位				
第1中队		Ju87	8	1
第2中队		Ju87	5	5
第20中队		Fw190	27	11
战术侦察单位				
第1中队		Me109	16	9
第6中队		Me262	7	3
第14中队		Fw189	4	4
特种任务部队				
KG200	第1大队	Ju88/Ju188/槲寄生	不明	不明
	第2大队			
	第3大队	Fw190	31	21
	该部队总共拥有约100架飞机，其中约60架可用。			

第 4 航空队

单位		飞机	总数	可出动数
昼间战斗机单位				
JG51	第 2 大队	Me109	7	5
JG52	第 2 大队	Me109	43	29
JG53	第 1 大队	Me109	27	27
JG76	指挥部	Me109	1	1
战斗轰炸机单位				
SG2	第 1 大队	Fw190	33	21
SG9	第 10 中队	Hs129	6	6
	第 14 中队	Hs129	13	9
SG10	指挥部	Fw190	6	4
	第 1 大队	Fw190	23	21
	第 2 大队	Fw190	24	15
	第 3 大队	Fw190	30	17
夜间袭扰单位				
第 5 中队		Go145/Ar66	69	52
第 10 中队		Ju87	14	9
战略侦察单位				
U 中队		Ju88	12	12
第 33 中队		Ju188/Ju88	10	10
第 121 中队		Ju188	12	12
夜间侦察中队		Do217	11	10
战术侦察单位				
第 12 中队		Me109/Hs126	30	26
第 14 中队		Me109/Me110	42	19
第 16 中队		Fw189	10	7
克罗地亚中队		Me109/Hs126	17	16

第 6 航空队

单位		飞机	总数	可出动数
昼间战斗机单位				
JG3	指挥部	Fw190	4	4
	第 2 大队	Me109	51	49
	第 3 大队	Me109	47	46
	第 4 大队	Fw190	61	56
JG6	指挥部	Me109/Fw190	4	4
	第 1 大队	Fw190	72	59
	第 2 大队	Fw190	48	45
	第 3 大队	Me109	21	17

	指挥部	Fw190	4	4
JG11	第1大队	Fw190	55	53
	第2大队	Fw190	54	51
	指挥部	Me109	8	7
JG52	第1大队	Me109	40	37
	第3大队	Me109	32	30
	指挥部	Me109	1	1
JG77	第1大队	Me109	30	26
	第2大队	Me109	36	30
	第3大队	Me109	34	25
EJG1		Me109	109	97
轰炸机单位				
	指挥部	He111	不明	1
KG4	第1大队	He111	27	17
	第8中队	He111	5	1
KG53	第7中队	He111	4	1
战斗轰炸机单位				
	指挥部	Fw190	3	2
SG1	第1大队	Fw190	40	39
	第2大队	Fw190	44	38
	第3大队	Fw190	42	36
	指挥部	Fw190	6	6
SG2	第2大队	Fw190	44	38
	第3大队	Ju87	30	25
	第10中队	Ju87	21	21
SG3	指挥部	Fw190	8	4
	第2大队	Fw190	47	43
	第1大队	Fw190	30	24
SG4	第2大队	Fw190	39	39
	第3大队	Fw190	24	20
	指挥部	Fw190	8	8
	第1大队	Fw190	34	34
SG77	第2大队	Fw190	34	27
	第3大队	Fw190	47	46
	第10中队	Ju87	14	12
SG151	第13中队	Fw190	18	17
夜间袭扰单位				
第4大队		Ju87/Si204	45	36
第5大队		Ar66/Go145	16	11
第8大队		Ar66/Go145/Ju87	48	39

战略侦察单位			
第 2 远程侦察大队	Ju188	1	0
第 3 远程侦察大队	Me410	2	2
第 11 大队	Ju88	10	10
第 22 大队	Me410/Ju88/Ju188/Si204	26	12
第 100 远程侦察大队	Ju188	8	5
第 121 远程侦察大队	Me410	13	4
第 122 远程侦察大队	Me410	23	16
独立夜间侦察大队	Do217/Ju88/Ju188	25	10
战术侦察单位			
第 2 大队	Me109	30	20
第 3 大队	Me109	37	22
第 4 大队（部分单位）	Me109	2	2
第 8 大队	Me109	35	21
第 11 大队（部分单位）	Fw189	10	8
第 13 大队（部分单位）	Me110/Fw189/Si204	13	8
第 15 大队	Me109	31	26
第 31 大队	Fw190/Si204	15	12
独立装甲侦察大队	Fi156	33	26
海上侦察单位			
第 126 海上侦察大队	Ar196/Bv138	18	11
波罗的海侦察大队	Ar196	29	29

东普鲁士指挥部

单位		飞机	总数	可出动数
昼间战斗机单位				
JG51	指挥部	Fw190	20	11
	第 1 大队	Me109	10	8
	第 3 大队	Me109	23	7
战斗轰炸机单位				
SG3	第 1 大队	Fw190	27	24
战术侦察单位				
第 4 侦察大队		Me109/Fw189	26	17

西部指挥部（由原第3航空队缩编而成）

单位		飞机	总数	可出动数
昼间战斗机单位				
JG53	指挥部	Me109	1	1
	第2大队	Me109	39	24
	第3大队	Me109	40	24
	第4大队	Me109	54	27
轰炸机单位				
KG51	第1大队	Me262	15	11
	第2大队	Me262	6	2
KG76	指挥部	Ar234	2	2
	第2大队	Ar234	5	1
	第3大队	Ar234	5	1
战略侦察单位				
第100远程侦察大队		Ar234	6	1
第123远程侦察大队		Ar234/Ju188	12	7
战术侦察单位				
第13侦察大队		Me109	39	26

丹麦军区

单位	飞机	总数	可出动数
战略侦察单位			
第33大队	Ar234/Ju188	13	8

挪威军区

单位	飞机	总数	可出动数
昼间战斗机单位	Me109/Fw190		
夜间战斗机单位	Me110/Ju88/He219		
侦察机单位	Fw190/Me109/Ju88/Ju188		
海上侦察单位	Bv222/Bv138		
运输机单位	Ju52		

该方面部队缺乏详细数据，但是飞机总数应在100架左右，其中60架可用。

库尔兰指挥部

单位		飞机	总数	可出动数
昼间战斗机单位				
JG54	指挥部	Fw190	5	5
	第 1 大队	Fw190	38	33
	第 2 大队	Fw190	41	38
战斗轰炸机单位				
SG3	第 3 大队	Fw190	43	41
夜间袭扰单位				
第 3 大队		Go145	18	16
战术侦察单位				
第 5 大队		Me109/Fw190	25	18

意大利战区

单位	飞机	总数	可出动数
夜间袭扰单位			
第 9 大队	Ju87/Fw190	38	35
战略侦察单位			
第 122 远程侦察大队	Ju88	14	12
索姆尔指挥部	Ar234	3	2
战术侦察大队			
第 11 大队	Fw190/Me109	24	14

参考文献

[1] Galland Adolf. The First and The Last[M]. BAllantine Books. 1954

[2] Speer Albert. Inside the Third Reich[M]. Macmillan. 1970

[3] Zaloga Steven J. Defense of the Third Reich 1941-45[M]. Osprey. 2012

[4] Zaloga Steven J. German V-Weapon Sites 1943-45[M]. Osprey. 2008

[5] Forsyth Robert. Jagegeschwader 7 "Nowotny"[M]. Osprey. 2008

[6] Ranson Stephen. Jagegeschwader 400[M]. Osprey. 2010

[7] Weal John. Bf109 Defence of the Reich Aces[M]. Osprey. 2006

[8] Weal John. Fock-Wulf Fw190 Aces of the Western Front[M]. Osprey. 1996

[9] Forsyth Robert. Jagdverband 44: Squadron of Experten[M]. Osprey. 2008

[10] John Manrho. BodenPlatte: The Luftwaffe's Last Hope[M]. Hikoki Publication. 2004

[11] Joachim Dressel. The Luftwaffe Album: Fighter and Bomber of the German Air Force 1933-1945[M]. Brockhampton Press. 1994